Octubre 2024

Querida Beate:

¡Por fin nos hemos reencontrado!

Muchas gracias por tu sincera amistad y tu cariño.

Espero que disfrutes de estos días juntas, después de ¡25 años!

En este libro encontrarás algunos de los malentendidos culturales que explicaba en la clase. Te lo regalo con mucho cariño.

Te quiere,

MEMORIAS PARA EL APRENDIZAJE

HACIA LA COMPETENCIA INTERCULTURAL EN EL APRENDIZAJE DE UNA LENGUA EXTRANJERA

Estudio del choque cultural y los malentendidos

ÀNGELS OLIVERAS VILASECA

Asesor: Dr. MIQUEL LLOBERA

UNIVERSIDAD DE BARCELONA
DIVISIÓ CIÈNCIES DE L'EDUCACIÓ
Departament de Didàctica de la Llengua i la Literatura

SERIE MASTER E/LE UNIVERSIDAD DE BARCELONA

A Cesc y a mis padres por su comprensión y cariño.
A todos mis alumnos, que han sido fuente de inspiración.

Me gustaría expresar mi más sincero agradecimiento a todas las personas que han colaborado en la elaboración de este trabajo.

A Alessandra, M., Alessandra, T., Alexandra, Alfred, Alicia, Angélica, Flavia, Francisca, Giancarlo, Imi, Ina, Jaime, Jane, Julien, Kim-Louise, Marita, María, Natalie, Nelson, Pedro, Pia, Rivella, Shawn, Stefano, Takako, Tom y Virgi, por haber aportado sus opiniones y experiencias, que han sido la base de este estudio.

A Miquel Llobera, por su entusiasmo y disponibilidad.

A Cristina Ballesteros, Pau Gilabert, Carles Izcara, Consol Pérez y Roser Martínez por su inestimable ayuda y apoyo.

A José Martínez de Sousa por su atenta lectura y sus sabios consejos.

Para contactar con la autora: angelsol@abaforum.es

© Editorial Edinumen, 2000
Teléf: 91 308 51 42
Fax: 91 319 93 09
e-mail: edinumen@mail.ddnet.es
Internet: http://www.ddnet.es/numen
Piamonte, 7 - 28004-Madrid
I.S.B.N.: 84 89756-33-3
Depósito Legal: M-14.784-2.000
Diseño y maquetación: Juanjo López
Ilustraciones portada: Juan V. Camuñas
Imprime: Gráficas Glodami. Coslada (Madrid)

ÍNDICE

NOTA INFORMATIVA

No hay forma de entendernos, parece que seamos de dos mundos diferentes.

Son quince los años que llevo trabajando como profesora de español para extranjeros y, en ese tiempo, mis alumnos me han contado muchas historias sobre cosas que les han sucedido en su relación con personas de una cultura diferente a la suya. Historias que les han hecho sentir mal o que les han divertido, pero que tenían algo en común: no habían conseguido comunicar lo que ellos deseaban o no habían interpretado lo que los otros intentaban decirles.

He observado que, a menudo, estos problemas de comunicación no están relacionados con el nivel de dominio de la lengua sino con el desconocimiento de aspectos socioculturales.

Viví durante ocho años en un país extranjero y, como aprendiz de una lengua extranjera y de su cultura, he sentido en mi propia piel las dificultades de comunicación derivadas del desconocimiento de ese nuevo mundo al que accedemos al empezar a estudiar una lengua extranjera y entrar en contacto con su cultura.

Este trabajo pretende plasmar esas dificultades, reflexionar sobre sus causas y consecuencias, y sobre la necesidad de un nuevo planteamiento de la enseñanza de la lengua extranjera que integre desde el inicio elementos que permitan adquirir una competencia sociocultural que reduzca los problemas de comunicación en las relaciones interculturales.

Àngels Oliveras

1. INTRODUCCIÓN

Cuando nos comunicamos con otra persona, partimos a menudo de la idea de que entiende e interpreta nuestras intenciones, lo que le queremos decir. Si nuestro interlocutor procede de otro país u otra cultura, creemos que el hecho de compartir la lengua asegura la efectividad de la comunicación. A menudo, sin embargo, la comunicación se frustra principalmente porque ninguna de las partes comprende que cada una de ellas vive en un mundo de percepciones diferente. Esto es lo que sucede cuando personas de culturas distintas se encuentran y se relacionan.

La realidad es que, cuando hay diferencias significativas en nuestra cultura, el mensaje que emitimos puede ser interpretado de forma muy diferente a nuestras intenciones, aunque esté "lingüísticamente" bien formulado. Estas situaciones producen malentendidos que suelen llevar a la frustración, a adquirir o aumentar prejuicios del otro e incluso a crear problemas sociales graves. Hay que tener en cuenta que el sentimiento de valía de la persona, el valor que concede a la propia imagen, está directamente relacionado con el número de situaciones en las que mantiene el control, el control de todos o la mayor parte de los sistemas de comunicación, verbales y no verbales. Este factor es importante en cualquier situación, pero adquiere una relevancia especial en contactos interculturales.

En efecto: pueden surgir conflictos comunicativos por el hecho de que los participantes no comparten las normas de interacción e interpretación, aquellas que hacen que vean y entiendan de una manera diferente el hecho comunicativo.

Los miembros de una misma cultura no sólo comparten a menudo una lengua, sino también experiencias hondas, comunes, que se comunican sin saberlo y que forman la base para juzgar los demás sucesos. Estas experiencias varían de cultura a cultura. Para una comunicación real es fundamental aprender a interpretar dichos aspectos tan fácilmente como los signos escritos o hablados.

La cultura es el medio de comunicación del hombre y no existe ningún aspecto de la vida humana que la cultura no abarque. Enmarca la personalidad de los miembros de una comunidad. Tiene mucha relación con la manera en que las personas se expresan emocionalmente, la forma de pensar, de moverse, de resolver problemas; también se observa en la organización de los transportes, los sistemas económicos y políticos...

Por consiguiente, dado que la lengua y la cultura van unidas, podemos decir que es imposible "dominar" una lengua sin "dominar" la cultura, el mundo que va unida a ella.

La necesidad de relacionarse con personas de otras culturas es hoy más evidente que nunca. Los choques entre sistemas culturales no se limitan a las relaciones internacionales, sino que en un mismo país conviven diversidad de culturas y subculturas. Nuestra sociedad es cada vez más multicultural por varias razones. Los desplazamientos por turismo o cuestiones laborales se ven incrementados año tras año en una sociedad abierta al intercambio comercial internacional, al ser casi inexistentes las fronteras para ese tipo de relaciones.

Asimismo, hay aproximadamente quince millones de personas que viven fuera de sus países por razones políticas (**ACNUR**, 1996) y otros tantos por razones económicas; además, ese tipo de migraciones va claramente en aumento a causa de la inestabilidad política y económica en muchas zonas.

Ante esta situación, y no importan tanto las causas como las necesidades, es imprescindible llegar a una comunicación real, a un entendimiento por medio del conocimiento mutuo, para disminuir el choque cultural y evitar conflictos. Para conseguir ese objetivo es imprescindible tener las herramientas necesarias para alcanzar la autonomía y poder desenvolverse en todas esas culturas, esos "mundos diferentes", a través de una comunicación intercultural.

En este trabajo pretendemos reflexionar sobre estos sistemas de signos organizados que definen la cultura, sobre esta red que hemos ido tejiendo poco a poco desde nuestra infancia. Signos que percibimos de forma inconsciente e incluso, a veces, podemos llegar a pensar que son una prolongación de nuestra naturaleza. Pero sólo son manifestaciones que hemos aprendido al igual que hemos aprendido a hablar. ¿Cómo compartirlos con los demás para que puedan interpretarlos?

A lo largo de estas páginas plasmaremos, por medio de muestras que evidencian las consecuencias del choque cultural, la dificultad de comunicación a causa del desconocimiento de aspectos socioculturales en las relaciones interculturales. Los datos sirven, por un lado, como base para analizar el origen del problema y, por otro, ofrecen un marco de reflexión ante la necesidad de un replanteamiento de la enseñanza de lenguas extranjeras que incluya estos aspectos como parte fundamental de esta y desde el inicio.

Por lo tanto, definiremos primeramente el marco teórico en que se sitúa el concepto de competencia intercultural y a continuación expondremos el estado actual de los trabajos y experiencias que se están llevando a cabo en este campo.

Los datos que mostraremos y analizaremos son en su totalidad ejemplos de choque cultural o de insuficiente competencia sociocultural. Las muestras aparecen en forma de comentarios o de pequeñas historias que ponen de manifiesto las diferencias socioculturales y su desconocimiento y consecuencias. Evidentemente, sólo se trata de muestras que no pretenden ser representativas de un tipo de cultura o sociedad determinada, sino que pretenden servir de punto de partida para una reflexión más amplia en la que se incluyan aspectos fundamentales como la importancia del conocimiento de la propia cultura, la conciencia de la igualdad y la diversidad y la necesidad de proporcionar recursos y conocimientos para salir airosos de las situaciones comunicativas interculturales.

Como ya hemos señalado en el prólogo, el interés por iniciar y desarrollar este trabajo se debe a motivos profesionales y personales, que se relacionan inevitablemente: observando a los alumnos y escuchando sus anécdotas me he sentido identificada más de una vez y he podido comprender su sentimiento de frustración al no entender o no ser entendidos. Un aspecto interesante ha sido observar que estos problemas eran comunes a todo tipo de alumnos: directivos de empresa con experiencia en encuentros interculturales, adolescentes, amas de casa, estudiantes con un bagaje cultural amplio y con conocimiento de lenguas, inmigrantes, refugiados...Todo ello me ha llevado a observar de otra forma las dificultades de comunicación entre los seres humanos, especialmente en las relaciones interculturales, y a reflexionar sobre las implicaciones que tiene en la enseñanza de lenguas extranjeras.

Este trabajo es fruto de dicha reflexión y con él pretendemos colaborar en la importante tarea de conseguir que los estudiantes de lenguas extranjeras puedan ir desenvolviéndose en una cultura diferente, con un máximo de recursos e intentando reducir las dificultades.

2. COMPETENCIA COMUNICATIVA

Con el desarrollo del conocimiento de la lengua que ha tenido lugar en las últimas tres décadas ha quedado atrás la convicción de que únicamente con el dominio de la fonología, la morfología y la sintaxis y un adecuado conocimiento del léxico se aseguraba un dominio suficiente de la lengua.

Las aportaciones de la pragmática en el desarrollo de la idea de la importancia de la habilidad en el uso de la lengua y no como sistema descontextualizado han sido fundamentales en el desarrollo del concepto.

2.1 APORTACIONES DE LA PRAGMÁTICA

La pragmática es uno de los enfoques más recientes y exitosos en el estudio del uso lingüístico. Ha puesto de relieve el hecho de que una expresión se puede decir no sólo si es correcta o no lo es desde el punto de vista gramatical, sino también si satisface o no la intención del hablante (**J. M. Cots**, 1994).

La pragmática establece los principios que regulan la comunicación humana. Como hemos visto, en muchos casos hay una distancia considerable entre lo que se dice y lo que realmente se quiere decir. Así pues, la comunicación humana no es sólo un mero proceso de codificación y descodificación, sino que intervienen un conjunto de estrategias y principios generales que sirven de puente para la comunicación. La pragmática identifica y estudia tales principios y estrategias.

A veces digo: *Son las tres* –señalando el reloj y mirando a mi compañero. En realidad quiero decir: *Es tarde* y en el fondo quiero dar a entender: *Vámonos*.

¿Cómo es posible que lo que decimos y lo que queremos decir puedan no coincidir?
¿Cómo es posible que, a pesar de todo, nos sigamos entendiendo?
¿Qué parte de lo que entendemos depende del significado de las palabras que usamos?
¿Qué parte depende de otra cosa?
¿De qué otra cosa?

(**Mª. Victoria Escandell**, 1993).

La distancia que existe a veces entre lo que literalmente se dice y lo que realmente se quiere decir, la adecuación de las secuencias gramaticales al contexto y a la situación, o la asignación correcta de referente como paso previo a la comprensión total de los enunciados, son tres tipos de fenómenos que escapan a una caracterización precisa en términos estrictamente gramaticales.

Ciertamente en la comunicación las frases pueden adquirir contenidos significativos que no se encuentran directamente en el significado literal de las palabras que las componen, sino que dependen de los datos que aporta la situación comunicativa en que dichas frases son pronunciadas.

La pragmática es, por tanto, una disciplina que toma en consideración los factores extralingüísticos que determinan el uso del lenguaje: nociones como las de emisor, destinatario, intención comunicativa, contexto verbal, situación o conocimiento del mundo. Lo que separa los diferentes enfoques, como veremos a continuación, es la decisión de cómo debe centrarse el objetivo: para unos, la pragmática ha de centrarse, sobre todo, en la relación del significado gramatical con el hablante y con los hechos y objetos del mundo que intenta describir; para otros debe tratar, por ejemplo, de analizar la relación entre la forma de las expresiones y las actitudes de los usuarios.

Dado que la lengua es su propio uso, y ese uso es siempre contextualizado, *la pragmática es el estudio de la capacidad de los usuarios de una lengua para asociar oraciones a los contextos en que dichas oraciones son apropiadas* (**Levinson,** 1983). Se entiende por contexto no sólo el "escenario" físico en que se realiza una expresión, sino también el bagaje de conocimientos que se presume compartido entre los participantes en un encuentro comunicativo.

Ya a en la década de los veinte, el filósofo vienés **L. Wittgenstein** afirmó que *meaning is use* (el significado es el uso). El filósofo dice *no preguntéis por el significado, preguntad por el uso, el significado de una palabra es su uso en el lenguaje.* Aunque él no creía en una teoría que incluyera todos los significados del lenguaje, sí reflexionó sobre la idea de sustituir la investigación del significado por la del uso. **Wittgenstein** hablaba de juegos lingüísticos y vinculaba el uso al juego. El juego lingüístico designa algún tipo de interacción humana que involucra al lenguaje: un acto comunicativo restringido a los casos en que el lenguaje es relevante. **Wittgenstein** fue el primero en vincular el lenguaje a la actividad social.

A partir de los juegos lingüísticos, la reflexión filosófica del último tercio del siglo XX se ha dirigido cada vez más hacia las condiciones necesarias y los límites de la experiencia de la comunicación, de su estructura, su orden, su lógica. La comunicación ha llegado a ser el gran interrogante de los filósofos del siglo XX. Si los filósofos de las primeras décadas consideraban el lenguaje como único objeto de investigación, el filósofo actual se sumerge en la comunicación para buscarle un marco teórico apropiado. Pero existe un gran problema: el del significado. El significado no es sólo patrimonio de la semántica, sino que, en gran parte, lo es de la pragmática.

La obra *How to do things with words* (1962) que contiene las conferencias del filósofo **J. L. Austin** representa un paso de gigante en esta línea. **Austin** propone una teoría de los actos lingüísticos. Los actos son una verdadera unidad de comunicación lingüística que no es ni la palabra ni la frase; constituyen la unidad básica de la comunicación verbal entre personas. Al realizar un acto lingüístico, el hablante se adapta a un procedimiento convencional que también conocen sus interlocutores. La estrategia a seguir viene dada por un conjunto de condiciones que deben cumplirse. Sólo así se consigue con éxito la comunicación. **Austin** revalorizó el lenguaje corriente frente a los lenguajes filosófico y científico.

Esta teoría de los actos de habla fue seguida por **Searle** y otros filósofos y lingüistas. En realidad, se pretende considerar el dominio del lenguaje como una parte de la teoría de la acción humana: al hablar nos comprometemos a una forma de conducta gobernada por reglas, y realizar un acto lingüístico no es más que una de las múltiples acciones gobernadas por reglas a las que una persona puede comprometerse.

Searle, en *Speech Acts* (1969), hace el mayor esfuerzo de sistematización del ámbito de los actos de habla, auténtico dominio de la pragmática durante más de una década. La teoría de los actos de habla permite la entrada de un concepto que no era común hasta entonces: el concepto de *intención*, complementario del de *convención*, este último muy conocido ya. Ni la lingüística estructural ni la gramática generativa habían dejado espacio para la intencionalidad del hablante, es decir, por qué y con qué intención este emite sus enunciados. Evidentemente, un tratamiento completo de la comunicación exige un espacio para las intenciones y otro para las convenciones. En el marco de la teoría de los actos de habla, realizar un acto lingüístico consiste principalmente en decir algo con la intención de producir determinados efectos en el oyente; la posibilidad de éxito depende de ciertas reglas: intenciones, convenciones y condiciones.

Grice (1975, 1978), en sus trabajos sobre el uso del lenguaje, sobre el significado y sobre la lógica del discurso sugiere un procedimiento mediante el cual los participantes en una conversación son capaces de saber qué quiere decir el otro en función de lo que realmente dice. En otras palabras, pretende explicar cómo los hablantes usamos mensajes verbales con un significado convencional (gramatical) para transmitir información que a menudo no se encuentra almacenada en ese significado. **Grice**, pues, quiere dar una explicación del significado en el propio proceso de comunicación, y hace hincapié en los aspectos dinámicos de la interacción verbal: el discurso. **Grice** habla de máximas que rigen el comportamiento verbal de los interlocutores.

La teoría de la interacción propone un principio general llamado *principio de cooperación*. El discurso, como interacción comunicativa, es el tipo de situación donde mejor podemos observar el principio de cooperación y sus consecuencias. Existe una verdadera lógica interna en el discurso. Desde el momento en que uno de los interlocutores se dispone a hablar, hay un verdadero despliegue de reglas, principios, estrategias, verbales y no verbales, que van de las palabras a los silencios, de las reglas de formación de frases a las reglas de uso de niveles de lenguaje apropiados, a los turnos de palabra...

A principios de la década de los sesenta, el antropólogo y lingüista **D. H. Hymes** propuso una nueva disciplina: la etnografía de la comunicación. **Hymes**, junto con **Gumperz,** considera que el marco de referencia del lenguaje en relación con la cultura y con la sociedad deben compartirlo la etnografía y la comunicación, y no sólo el lenguaje. Proponen ampliar el concepto de competencia lingüística, aun aceptando la idea de que la realización del habla es gobernada por un sistema de reglas. Su objetivo fundamental es el estudio de la actividad lingüística y comunicativa de una comunidad; por tanto, su atención especial va dirigida al discurso, a la interacción cara a cara. Con ello, la etnografía de la comunicación quiere determinar cuáles son los conocimientos que posibilitan la comunicación humana, cuáles las habilidades necesarias para actualizarlos y explicar los procesos de adquisición de estos conocimientos y habilidades: quién habla a quién, dónde, cuándo, cómo y para qué. En el siguiente apartado desarrollaré ampliamente la teoría de **Hymes.**

Gumperz (1982) introduce las normas de interpretación. Éstas suponen un modelo inferencial de comunicación en el que las inferencias son procesos a través de los cuales los participantes en una conversación llegan a interpretar, en el marco de un contexto, las intenciones de los otros y a partir de aquí elaboran sus respuestas. El contexto es visto como un conjunto de anécdotas memorizadas, suposiciones culturales e indicios sobre el estado emocional del hablante, etc. Todo ello tiene un papel clave en la interpretación de un enunciado. Por ello, a grupos sociales, géneros, sexos, edades y personas diferentes corresponden suposiciones sobre el mundo también diferentes.

Sperber y **Wilson** (1986) presentan con su teoría de la relevancia una verdadera alternativa al modelo de análisis del discurso propuesto por **Grice**. La relevancia es el conjunto de efectos de la interrelación entre el significado del enunciado y la información contextual, como factor decisivo en los procesos de interpretación

Brown y **Levinson** (1987) exponen la teoría de la cortesía. Parten del supuesto de que toda sociedad tiene que controlar la agresividad de sus miembros, a la vez que intenta canalizar este potencial de agresividad como instrumento de control interno y como fuerza de la que servirse en las relaciones competitivas con otros grupos sociales. La cortesía presupone, por tanto, la existencia de ese potencial agresivo, y trata de contrarrestarlo para hacer posibles las buenas relaciones sociales. El concepto *imagen* es la noción central de su teoría: cada individuo tiene y reclama para sí cierta imagen pública, cierto prestigio que quiere conservar. De la necesidad de salvaguardar aquella se derivan todas las estrategias de cortesía. Esta teoría presenta un buen punto de partida para adentrarse en el estudio de las relaciones entre formas lingüísticas y estructuras sociales.

Hemos visto que hay varias disciplinas interesadas en la búsqueda de los objetivos pragmáticos: la filosofía, la lingüística, la psicología, la sociología y la antropología. Los filósofos se han ocupado principalmente de categorizar los tipos de actos de habla y de definir cada una de sus teorías. Los lingüistas se han dedicado básicamente a especificar los distintos usos de las diversas expresiones de la lengua, o de las condiciones de dichos usos. Los psicólogos han investigado cómo se procesa, almacena y adquiere la información concerniente al uso del lenguaje. Por último, a los antropólogos y a los sociólogos debemos los estudios de las normas o regularidades existentes entre el uso del lenguaje y el rol social, así como de la estructuración de los actos de habla dentro de las conversaciones. Así pues, desde todas esas disciplinas se han realizado aportaciones al concepto de competencia comunicativa.

2.2 DESARROLLO DEL CONCEPTO

Chomsky (1965) introdujo los términos *competencia* y *actuación* en la lingüística moderna, en razón de la necesidad metodológica de estudiar el lenguaje a través de abstracciones idealizadas. **Chomsky** define *competencia* como el conocimiento que hablante y oyente tienen de su lengua y *actuación* como el uso práctico que hacen de la lengua en situaciones concretas.

Según esto, la competencia se refiere al conocimiento de la gramática y de otros aspectos de la lengua que un hablante nativo ideal ha interiorizado. La actuación se refiere al uso concreto de esta competencia, tiene que ver fundamentalmente con los factores psicológicos implicados en la comprensión y en la producción del discurso.

Teniendo en cuenta que la competencia sólo ha de ir ligada al conocimiento de las reglas gramaticales, tanto **Hymes** (1972) como **Campbell** y **Wales** (1970), desde la etnografía de la comunicación e incorporando elementos de otras disciplinas –psicolingüística, sociología, filosofía del lenguaje, ciencia cognitiva...–, proponen una noción más amplia, la de competencia comunicativa. Esta noción incluye no sólo la competencia gramatical (o el conocimiento implícito o explícito de las reglas gramaticales), sino también la competencia contextual o sociolingüística. Más aún, **Hymes** (1972), de manera explícita, y **Campbell** y **Wales** (1970), de manera implícita, establecen la distinción entre competencia y actuación comunicativas, donde esta última noción se refiere al uso práctico de la lengua.

Los presupuestos básicos de esta orientación son los siguientes:

La lengua se considera como una parte integrante de la realidad social y cultural y, a la vez, como un síntoma de esa realidad. Esto quiere decir que, observando cómo se comunican las personas, podemos entender una parte importante de sus normas de comportamiento, de sus valores, etc.

Las manifestaciones orales de la lengua son variadas, pero no caóticas ni desordenadas, ya que están reguladas, existen normas de uso socialmente condicionadas. Estas normas se refieren a la competencia comunicativa, a lo que un hablante tiene que saber para comportarse de forma adecuada y eficaz en las diferentes situaciones comunicativas propias de una determinada comunidad de habla (**Gumperz**, 1972).

La competencia comunicativa es aquello que un hablante necesita saber para comunicarse de manera eficaz en contextos culturalmente significantes. Como el término chomskiano sobre el que se modela, la competencia comunicativa se refiere a la habilidad para actuar. Se hace un esfuerzo para distinguir entre lo que un hablante sabe –sus capacidades inherentes– y la manera como se comporta en situaciones particulares. Sin embargo, mientras los estudiosos de la competencia lingüística tratan de explicar aquellos aspectos gramaticales que se creen comunes a todos los humanos, independientemente de los determinantes sociales, los estudiosos de la competencia comunicativa consideran a los hablan-

> *tes como miembros de una comunidad, como exponentes de funciones sociales, y tratan de explicar cómo usan el lenguaje para identificarse y llevar a cabo sus actividades.* (**Gumperz** y **Hymes**, 1972)

La lengua no se entiende como un conjunto abstracto común a todos sus hablantes o como un sistema formal de reglas, sino como un conjunto de opciones entre las que las personas hemos de elegir cuando hablamos. Esta elección –más o menos controlada por la conciencia– está guiada por determinados hábitos (**Bourdieu**, 1990), normas o principios de carácter sociocultural propios del grupo al que pertenecemos y que varían de un grupo –o de un subgrupo– cultural a otro.

Para **Hymes** (1971) una expresión o enunciación lingüística debe:

- ser formalmente posible según las reglas gramaticales;
- ser factible en virtud de los medios de actuación disponibles;
- ser apropiada en relación con las reglas sociolingüísticas del contexto en que se produce;
- darse en la realidad, que responda al uso real de la lengua.

Si no cumple todos los requisitos, una expresión lingüística podría ser: gramaticalmente correcta, estilísticamente torpe, socialmente diplomática y de uso poco frecuente.

El universo de análisis de la etnografía de la comunicación es la comunidad de habla, caracterizada porque *los hablantes comparten el conocimiento de las restricciones comunicativas y de las opciones que rigen un número significativo de acciones sociales* y *este conocimiento compartido depende de la intensidad del contacto y de las fronteras comunicativas* (**Gumperz**, 1972).

Así pues, lo que define una comunidad de habla no es tanto que se hable una lengua o más de una, sino que sus miembros compartan una serie de normas de uso de este repertorio verbal y comunicativo que poseen, por el hecho de participar en unas redes de comunicación de carácter social.

Para los etnógrafos de la comunicación, la competencia comunicativa es un conjunto de normas que se va adquiriendo a lo largo del proceso de socialización y, por lo tanto –valga la redundancia–, está socialmente condicionada. Los antropólogos lingüistas han demostrado que las normas comunicativas varían de una cultura a otra, e incluso dentro de una misma cultura (jóvenes/adultos, hombres/mujeres, etc.). A medida que nos vamos relacionando con diversas personas, en contextos variados, hablando sobre temas diferentes, vamos descubriendo e interiorizando las normas que son adecuadas para las situaciones comunicativas en las que nos encontramos. Así, vamos distinguiendo cuándo es apropiado hablar de manera formal o informal, con quién podemos "chismorrear" y con quién no (y cómo se "chismorrea"), delante de quién podemos decir "palabrotas" y delante de quién no, cuándo es preferible que nos mantengamos en silencio, etc. La noción de competencia comunicativa trasciende así su sentido de conocimiento de código lingüístico para pasar a ser entendida como la capacidad de saber qué decir a quién, cuándo y cómo decirlo y cuándo callar (**Cots** y otros, 1990).

El objetivo de la etnografía de la comunicación consiste en descubrir y describir las diferentes situaciones de comunicación del grupo que estudia y los diferentes tipos de actos comunicativos a través de los que los componentes del grupo en cuestión organizan sus actividades cotidianas.

Hymes (1972), basándose en estudios anteriores sobre la comunicación, especialmente en el de **Jakobson** (1960) sobre las funciones del lenguaje, plantea que cualquier hecho comunicativo puede describirse a partir de ocho componentes básicos: situación, participantes, finalidades, secuencia de actos, clave, instrumentos, normas y género. Estos componentes –que se dividen en subcomponentes, como veremos a continuación– se articulan de forma distinta, y es precisamente este hecho el que interesa describir para entender la especificidad de cada acto comunicativo estándar respecto a los otros que se dan en el mismo entorno cultural o respecto a los que se dan en otras culturas.

COMPONENTES DEL ACTO COMUNICATIVO:

1. SITUACIÓN:
   1.1. Localización espacial y temporal (el lugar y momento en que tiene lugar el acto comunicativo).
   1.2. Escena psicosocial (la significación social y cognitiva de esta escenificación).
2. PARTICIPANTES:
   2.1. Características socioculturales (edad, sexo, estatus, roles, conocimientos, repertorio verbal, etc.).
   2.2. Relaciones entre los interlocutores (jerárquica, entre iguales, íntima, distante, etc.).

3. FINALIDADES:

    3.1. Objetivos/productos (lo que se espera obtener y lo que realmente se obtiene).

    3.2. Globales/particulares (finalidades sociales del acto y finalidades individuales o concretas de cada actividad).

4. SECUENCIA DE ACTOS:

    4.1. Organización de la interacción (gestión de los turnos de palabra, estructura de la interacción: inicio, desarrollo, fin, etc.).

    4.2. Organización del tema (gestión y negociación del tema: presentación, mantenimiento, cambio, etc.).

5. CLAVE:

    5.1. Grado de formalidad/informalidad de la interacción (serio, frívolo, divertido, íntimo, frío, etc.).

6. INSTRUMENTOS:

    6.1. Canal (oral, escrito, audiovisual, iconográfico, etc.).

    6.2. Variedad de habla (lengua, dialecto, registro, etc.).

    6.3. Vocalizaciones, cinesia, proxemia (ruidos de asentimiento, de rechazo, de asco, de incomprensión, etc.; gestos, posición, distancia de los cuerpos, etc.).

7. NORMAS:

    7.1. Normas de interacción (quién puede hablar y quién no, cómo funcionan los turnos de palabra, interrupciones, silencios, encabalgamientos, etc.).

    7.2. Normas de interpretación (marcos de referencia para interpretar los enunciados indirectos, las presuposiciones, las referencias implícitas, etc.).

8. GÉNERO:

    8.1. Tipo de interacción (trabajo en grupo, discurso espontáneo, conferencia, tertulia, etc.).

    8.2. Secuencias discursivas (diálogo, narración, argumentación, exposición, etc.).

Según **Hymes**, la adquisición de la competencia comunicativa supone para el hablante la capacidad no sólo de hablar, sino también de comunicar. Se trata, en definitiva, del conocimiento de reglas psicológicas, culturales y sociales presupuestas por la comunicación.

La noción de *competencia comunicativa* trasciende así la noción chomskiana de *competencia lingüística* –entendida como la capacidad del oyente/hablante ideal para reconocer y producir una infinita cantidad de oraciones a partir de un número finito de unidades y reglas en una comunidad lingüística homogénea (**Chomsky,** 1965)– y supone concebirla como parte de la competencia cultural, es decir, como el dominio y la posesión de los procedimientos, normas y estrategias que hacen posible la emisión de enunciados adecuados a las intenciones y situaciones comunicativas que los interlocutores viven y protagonizan en contextos diversos.

Más tarde, el propio **Chomsky** (1980) señaló la distinción entre *competencia gramatical* y *competencia pragmática*, restringiendo la primera al conocimiento de la forma y del significado, y la segunda al conocimiento de las condiciones y del modo de uso apropiado en relación con los diversos fines.

Posteriormente, **Canale** y **Swain** (1980) establecen en cuatro los componentes de la competencia comunicativa:

- competencia gramatical (corrección formal);
- competencia discursiva (cohesión de formas y coherencia de sentido);
- competencia sociolingüística (adecuación);
- competencia estratégica (mecanismos para asegurar el flujo de comunicación y, en algunos casos, hacerla posible y más eficaz).

Ellos distinguen entre competencia comunicativa (sistema subyacente de conocimiento y habilidades requeridas para la comunicación) y comunicación actual o actuación comunicativa (realización de dichos conocimientos y habilidades bajo limitaciones psicológicas y condiciones medioambientales).

Definen conocimiento como aquello que uno sabe (consciente e inconscientemente) sobre el lenguaje y sobre otros aspectos del uso comunicativo del lenguaje. Para ellos esta distinción es importante especialmente para la evaluación orientada hacia el conocimiento y las habilidades.

La aportación de **Canale** es de suma importancia, ya que, además de estudiar los aspectos que componen la competencia comunicativa, señala las implicaciones que se refieren a la necesidad de cubrir todos sus aspectos.

Bachman (1987) contribuye a desarrollar el concepto considerando dos grandes áreas de la competencia de la lengua:

- competencia organizativa
  - competencia gramatical
  - competencia textual
- competencia pragmática
  - competencia ilocutoria
  - competencia sociolingüística

Bachman incorpora un nuevo término, *la habilidad lingüística comunicativa*, compuesta por el conocimiento, o competencia, y la capacidad para poner en práctica o ejecutar esa competencia en un uso de la lengua adecuado y contextualizado. Considera que su denominación se acoge perfectamente a la definición de **Candlin** de competencia comunicativa: *La habilidad para crear significados explorando el potencial inherente en cualquier lengua para la modificación continua en respuesta al cambio, negociando el valor de la convención más que conformándose con el principio establecido. En suma..., una unión de estructuras de conocimiento organizadas con un conjunto de procedimientos para adaptar este conocimiento a fin de resolver nuevos problemas de comunicación que no tienen soluciones a medida* (**Bachman** 1987, citando a **Candlin**).

Esta nueva formulación da cabida a numerosas aportaciones de estudios sobre el discurso, sobre la adquisición de las segundas lenguas y la gramática textual.

Quizás el modelo más detallado de descripción de la competencia comunicativa para aplicación didáctica es el propuesto por **Van Ek** (1984), que distingue seis componentes de la competencia comunicativa:

- competencia lingüística
- competencia sociolingüística
- competencia discursiva
- competencia estratégica
- competencia sociocultural
- competencia social

Van Ek hace hincapié en el hecho de que no son meramente seis componentes aislados, sino que se solapan.

2.3. COMPETENCIA SOCIOCULTURAL

En este apartado comentaremos el tratamiento que se le ha dado a la competencia sociocultural como componente de la competencia comunicativa.

Gracias a las investigaciones desarrolladas en los campos de la sociolingüística y la antropología, la conciencia de la existencia de distintas premisas culturales sobre lo que puede hacerse o decirse en un contexto determinado ha ido aumentando.

En el apartado anterior hemos visto que, desde diferentes disciplinas, se reconoce la importancia del contexto del discurso. **Hymes** reconoce, además, los factores socioculturales de la situación del habla cuando menciona los términos aceptación o adecuación. La actuación lingüística debe darse de acuerdo con las reglas sociolingüísticas del contexto en que se produce. El caso, por ejemplo, de los tratamientos *tú* y *usted* que se dan en la vida social en castellano, reflejan lo inadecuado de unas fórmulas fijas, como las que a menudo vemos en algunos libros. Los malentendidos que se producen debido a normas que son diferentes según las clases sociales, variaciones locales y el sexo de los hablantes ponen de manifiesto la necesidad de esta adecuación sociolingüística, algo que a **Hymes** le interesaba profundamente.

A raíz de estas ideas ha surgido una concepción más amplia del dominio de la lengua; su característica distintiva es el reconocimiento de la importancia del contexto más allá de la frase para el uso apropiado de la lengua. Este contexto incluye a la vez el discurso, del que forman parte las frases, y la situación sociolingüística que, en gran medida, rige la naturaleza del discurso en su forma y en su función.

El concepto *habilidad lingüística comunicativa* de **Bachman** (1990) va más allá del acuñado por **Hymes** y se compone de tres elementos: competencia lingüística, competencia estratégica y mecanismos psicológicos.

Para **Bachman,** la competencia estratégica proporciona los medios para relacionar la competencia de la lengua con aquellos aspectos de contexto de situación en que tiene lugar su uso y las estructuras del conocimiento sociocultural, es decir, del conocimiento del mundo del usuario.

Canale y **Swain** incluyen en la competencia sociolingüística componentes socioculturales, pero consideran que son posteriores a los aspectos gramaticales en la enseñanza de la lengua: *...parece bastante razonable, desde nuestro punto de vista, poner un énfasis explícito en los aspectos socioculturales del uso de la lengua en las primeras fases del estudio de segundas lenguas..., en vez de ello, uno puede empezar poniendo el énfasis en la exactitud gramatical y la comunicación significativa. Es ahí donde esta comunicación generalmente se organiza de acuerdo con las necesidades básicas de la comunicación del alumno y las funciones comunicativas y el contexto social que requiere el conocimiento mínimo de las condiciones idiosincrásicas de la adecuación en una segunda lengua* (**Canale** y **Swain**, 1980).

Hornberger (1989) considera que esta afirmación es contradictoria, ya que fueron Canale y Swain quienes reconocieron la importancia del contexto y lo incluyeron en las reglas socioculturales para el uso en el componente lingüístico. Argumenta que **Hymes**, desde el marco de la etnografía, dejó más clara la importancia del componente sociocultural desde el inicio del aprendizaje. No tiene sentido hablar de comunicación significativa como algo separado de la adecuación. Aunque haya un grupo universal de condiciones de adecuación, el grupo particular para cada contexto necesita definirse etnográficamente.

Van Ek (1984) considera la competencia sociocultural como un componente más y de igual importancia que los demás en la competencia comunicativa. Cada lengua se sitúa en un contexto sociocultural e implica el uso de un marco de referencia particular que es en parte diferente del que posee quien aprende una lengua extranjera. La competencia sociocultural, para **Van Ek**, presupone cierto grado de familiaridad con este contexto.

J. M. Cots señala que *incluso con niveles bajos de competencia, podemos empezar a introducir información explícita sobre fenómenos pragmáticos, discursivos y culturales.* Se basa para ello en las subcompetencias estudiadas por **Canale** y **Swain** que se destacan en los decretos que regulan la enseñanza de las lenguas extranjeras del Ministerio de Educación y Cultura como integrantes de la competencia comunicativa. **Cots** afirma que *mientras nadie parece cuestionarse las enormes energías que se dedican a la enseñanza de una estructura sintáctica, errores de tipo pragmático, discursivo o cultural pasan desapercibidos o simplemente no se les concede importancia. Y eso es así a pesar de los efectos negativos que este tipo de errores tienen en la relación social y de que muchos profesores han podido sufrir personalmente. La reacción usual del hablante nativo hacia este tipo de errores no es la de adjudicarlos a una deficiente competencia lingüística del hablante no nativo, sino la de achacarlos a características personales, como falta de tacto, rigidez de carácter, falta de simpatía, etc.*

Basándose en estas aportaciones y en las necesidades interculturales, la competencia sociocultural ha ido desempeñando un papel cada vez más importante en la competencia comunicativa en la enseñanza de lenguas extranjeras, como veremos en el capítulo siguiente.

3. DE LA COMPETENCIA SOCIOCULTURAL A LA COMPETENCIA INTERCULTURAL

La experiencia y los estudios han demostrado que en estos momentos la enseñanza de las lenguas extranjeras no cubre las necesidades actuales de comunicación intercultural. Para llenar este vacío, especialmente desde el mundo empresarial, se acometieron diversos estudios e iniciativas. En la actualidad, los estudios y experiencias en el campo de la enseñanza de lenguas extranjeras toman como punto de partida la comunicación intercultural.

En este apartado veremos, por una parte, las necesidades y el desarrollo de la oferta en formación cultural y, por otra, el origen y desarrollo de una reciente propuesta en el área de enseñanza de lenguas extranjeras: la comunicación intercultural.

3.1. ESTADO DE LA CUESTIÓN

Los modelos de enseñanza de lenguas extranjeras no son suficientes ni adecuados para responder a la demanda real ni para solucionar muchos de los malentendidos y dificultades que se originan por falta de competencia sociocultural; estos problemas se consideran a menudo fruto de malentendidos lingüísticos, diferencias de carácter, "rarezas" de los extranjeros, etc.

La transformación que ha sufrido la sociedad en muchos aspectos políticos y económicos es la causa de los grandes movimientos migratorios actuales. Como ya señalaba **E. T. Hall** (1978): *Hasta tiempos muy recientes, el hombre no necesitaba darse cuenta de la estructura de sus propios sistemas de comportamiento, porque, estando entre los suyos, el comportamiento de la mayor parte de las personas resultaba muy previsible. Sin embargo, hoy el hombre está interactuando constantemente con extranjeros, porque sus extensiones han ensanchado la amplitud de su campo y al mismo tiempo han hecho que su mundo encoja. Por tanto, el hombre necesita trascender su cultura y esto sólo puede lograrse explicitando las reglas con que ésta opera.*

Hoy en día, las situaciones de encuentros interculturales son generalizadas y de tipos muy diversos. Las personas que estudian una lengua extranjera se encuentran cada vez más en situaciones donde no sólo tienen que aprender otra lengua y otra cultura, sino que experimentan otra forma de vivir. El tipo de competencia que se requiere en estos casos es más que comunicativa: debe ser intercultural. La situación en las aulas refleja la situación en la propia sociedad:

- en muchas escuelas de enseñanza obligatoria las clases están formadas por grupos multiculturales, sean hijos de inmigrantes o de refugiados políticos;
- clases con grupos multiculturales de adultos que aprenden una lengua extranjera, por diversas razones, en un país extranjero. En este tipo de grupos pueden mezclarse personas de diverso nivel cultural o económico, con diferentes grados de motivación, dificultades de aprendizaje variadas y situaciones problemáticas –como sería el caso de personas con experiencias traumáticas previas a su llegada al país de acogida–;
- empresarios que están formándose para desplazarse temporal o definitivamente a otro país por razones laborales;
- clases con grupos culturalmente homogéneos que aprenden una lengua extranjera por motivos como el turismo, la familia o por afición, estudios, etc.
- empresas que ofrecen cursos de formación intercultural a sus trabajadores extranjeros.

Estos son algunos ejemplos de encuentros interculturales en el aula.

Las palabras de Rosi Wolf, directora del Departamento de Asuntos Multiculturales de Frankfurt, reflejan claramente la necesidad actual de un entendimiento entre culturas:

Si no conseguimos un nivel más alto de tolerancia y una capacidad adecuada para resolver conflictos;

si no aprendemos rápidamente a quitarnos de encima la arrogancia de nuestra civilización en relación con personas de otras culturas;

si no abordamos los motivos reales de las migraciones;

si no nos damos cuenta de las causas de la polarización étnica y del odio hacia los extranjeros;

si no aprendemos a compartir;

si no alcanzamos una comunicación intercultural

nos ahogaremos en las luchas de una sociedad dividida contra sí misma y nos ahogaremos en los conflictos del futuro. El desafío de la diversidad cultural se encuentra delante de nosotros (citado por **Vonsild**, 1995).

A pesar de la diversidad en el origen del multiculturalismo en nuestra sociedad, las primeras iniciativas que se fueron desarrollando en forma de estudios, trabajos y experiencias partieron de un sector concreto: el mundo de la empresa. Aunque se trata de estudios muy centrados en este sector, algunas de las investigaciones han aportado datos muy interesantes con posibilidad de una aplicación más generalizada.

Los estudios del antropólogo **E. T. Hall** (1978, 1986, 1989a, 1989b) se basan en análisis comparativos de diferentes culturas para explorar cómo afectan los factores culturales en la forma de negociar en diferentes países. El objetivo de sus estudios es ayudar a los hombres de negocios norteamericanos a entender la psicología y el comportamiento de personas de otras culturas. En sus estudios, Hall explora aspectos importantes como el espacio, el tiempo, las cadenas de acción y el contexto. En el apartado siguiente comentaremos con detalle estos aspectos.

El psicólogo social **G. Hofstede** (1984) investigó mediante cuestionarios los valores y normas de trabajadores de una compañía multinacional en 40 países. Identifica cuatro dimensiones comunes en el sistema de valores que afectan al pensamiento humano, a las organizaciones y a las instituciones. En sus conclusiones caracteriza los aspectos comunes de las diferentes culturas analizadas. En el capítulo siguiente hablaremos con más detalle de las cuatro dimensiones.

La formación sociocultural tuvo su origen en los Estados Unidos a principios de los años sesenta, cuando mereció la atención del recién creado Cuerpo de Paz, que tenía como misión mandar cooperantes a países del Tercer Mundo. La formación consistía en facilitar a los participantes "recetas" concretas y prácticas de las características culturales de los países en cuestión. Asimismo, algunas organizaciones que mandaban trabajadores al extranjero empezaron a interesarse por ese tipo de formación. Durante los años setenta y ochenta, algunas compañías privadas ofrecían cursos de formación con elementos socioculturales a los trabajadores que iban a emigrar. De todas formas, las investigaciones demostraban que este tipo de empresas era bastante minoritario. **Baliga** y **Barker** (1985), en su estudio sobre algunas multinacionales norteamericanas, vieron que sólo un 25% ofrecía cursos de formación que incluían aspectos socioculturales a los trabajadores que iban a emigrar.

Brewster (1991) investigó 25 grandes multinacionales europeas y advirtió que sólo 10 ofrecían cursos específicos para trabajadores que se trasladaban al extranjero. De las 10, sólo la mitad incluía elementos socioculturales.

En pocos años la situación ha cambiado mucho. Se han creado por todo el mundo centros especializados en la formación sociocultural dirigida básicamente al mundo de la empresa. Cursos basados, en su mayoría, en resultados de análisis comparativos de diversas culturas. Este tipo de aplicación de la etnografía suele simplificar aspectos culturales en su ansia por encontrar un sistema de clasificación de actitudes, valores y normas.

El resultado es oír frases como *los italianos son corruptos, los daneses son demócratas, los mexicanos son vagos,* etc. La aplicación didáctica se limita a menudo a una lista de las actitudes que hay que adoptar o evitar, llamado *do's and don'ts.*

R. E. Axtell (1991) critica la idea de mejorar la comunicación intercultural mediante recetas de comportamiento de este tipo, considerándolas engañosas y contraproducentes por el hecho de simplificar aspectos muy complejos del comportamiento y de la cultura.

A modo de ejemplo, citaremos un fragmento de un folleto de promoción de un centro de este tipo donde se observa lo que suele ofrecerse en este tipo de formación: *Para tener éxito en el extranjero, lo más conveniente es adaptarse. Para conseguir este objetivo es más fácil partir de las semejanzas que de las diferencias. Existen discrepancias entre las culturas, pero éstas no constituyen un obstáculo insalvable a condición de que se enfoquen y traten de manera flexible y exista la disposición a enfrentarse a ellas. Le ofrecemos apoyo en este proceso de adaptación ofreciéndole una descripción del perfil del país correspondiente, incluyendo los más importantes "do's" and "don'ts". Estas indicaciones le aclararán aspectos de la cultura de la empresa, sus valores, sus normas, la actitud general y el tipo de gestión. Este conocimiento le capacitará para mantener su estilo en las negociaciones y sólo deberá adaptarse cuando sea necesario para evitar malentendidos* (**IT&C** Dic. 1997).

En un interesante reportaje de investigación titulado *El mercado de los malentendidos culturales,* los periodistas **Bouman** y **Hogema** (1995) descubrieron que, en el año 1995 en los Países Bajos, un país de 14 millones de habitantes, había 200 oficinas especializadas en el asesoramiento sociocultural dirigidas a empresas. El origen del surgimiento masivo de este tipo de empresa se debe a las pérdidas de millones de florines que sufre anualmente el mundo empresarial neerlandés, a causa de los conflictos en la comunicación intercultural.

Mencionaremos algunos ejemplos más de iniciativas que se han tomado en relación a la formación sociocultural:

La universidad de California encargó a un grupo de asesoramiento cultural un proyecto que se llamó *El modelo de competencia cultural* para formar a los trabajadores de la universidad, en su mayoría procedentes de culturas diversas. Esta iniciativa se tomó a causa de los conflictos interculturales que se producían entre los trabajadores nativos y los extranjeros.

La Asociación Americana de Profesores de Francés (AATF) ha creado una comisión nacional de competencia cultural. Dicha comisión se ha encargado de formular unos indicadores de competencia cultural en la adquisición del francés como lengua extranjera. Los tres aspectos que se desarrollan son: la empatía, la habilidad de observar y analizar una cultura y la comunicación en contexto cultural (verbal o no verbal). Se considera que para alcanzar los tres objetivos de la competencia cultural hay que pasar por cuatro etapas, de las cuales el informe detalla los conocimientos respectivos.

Como se puede ver, cada grupo ha ido tomando sus propias iniciativas en investigación y formación, a falta de un marco referencial, con una base sólida. Los estudios y las experiencias sobre la comunicación y competencia interculturales que se han realizado en los últimos años pretenden aglutinar todas esas necesidades, y no centrar tanto el objetivo en el estudio en una cultura específica, como desarrollar un método más general que pueda aplicarse a cualquier lengua y cultura, a fin de conseguir la llamada competencia intercultural.

3.2. DESARROLLO DEL CONCEPTO

La enseñanza tradicional de la cultura, la llamada *Landeskunde* en Alemania, *Background Studies* en Gran Bretaña o *Civilisation* en Francia, separaba lengua y cultura, mientras que limitaba el conocimiento sociocultural a los sistemas políticos, instituciones, costumbres, tradiciones y folclore del país en cuestión. Se solían presentar unos elementos culturales estáticos, con patrones fijos que había que conocer y aprender, sin profundizar en el significado de los signos culturales ni plantearse las necesidades del alumno a fin de proporcionarle recursos para evitar situaciones de conflicto en la comunicación. El modelo seguido en ese tipo de enseñanza es el del nativo, es decir, hay que intentar hablar, ser, actuar, comportarse como el nativo (**Delanoy**, 1994).

En las últimas dos décadas, los estudios sobre la enseñanza de la cultura extranjera han ido cambiando y se ha pasado de hacer hincapié en la simple transmisión de conocimientos a dar una mayor importancia a la formación cultural como parte integral del aprendizaje comunicativo de la lengua, preparando a los alumnos para una comunicación intercultural.

El concepto de competencia intercultural va más allá del concepto de competencia sociocultural como parte integrante de la competencia comunicativa. El acento recae sobre el aspecto cultural de la enseñanza de la lengua. Se trata de una cuestión de conocimiento, actitudes y destrezas. A continuación voy a comentar los diversos estudios que se han realizado sobre ese concepto y su desarrollo.

En la pedagogía de la enseñanza de lenguas extranjeras ha prevalecido durante algunos años el concepto de competencia comunicativa. Este ha sido el objetivo en los procesos de enseñanza y de aprendizaje en el aula de lengua extranjera. Con una competencia comunicativa, el aprendiz de lenguas adquiere la habilidad de usar el conocimiento: saber qué hacer y cómo hacerlo. De esta forma parece que el objetivo se ha conseguido. ¿Por qué, pues, era necesario empezar a reconsiderar este concepto? Este concepto parecía haber cumplido con su objetivo durante bastante tiempo, al introducir una aproximación radicalmente diferente del método estructural y concienciar a los profesores de la importancia de orientar su didáctica hacia el alumno (**A. Aarup Jensen**, 1995).

De hecho, el enfoque que sugiere el término *competencia intercultural* está basado claramente en la teoría de la competencia comunicativa y debería ser considerado como un avance. El punto de partida es hacer más hincapié en el alumno y en sus necesidades al relacionarse con otra cultura o con personas de otras culturas. La experiencia y diversos estudios han demostrado que el sistema educativo y los cursos de lengua extranjera no han sabido o podido enfrentarse a este tipo de dificultades (**Byram,** 1991).

Byram (1995) considera que la competencia intercultural debe incluir:

- *savoir-être* (cambio de actitud);
- *savoirs* (adquisición de nuevos conceptos);
- *savoir-faire* (aprendizaje a través de la experiencia).

Para **Byram**, el concepto de competencia intercultural parte del modelo de **Van Ek**, especialmente de las competencias sociolingüística, estratégica y sociocultural, resaltando los aspectos culturales. **Byram** define al aprendiente de lengua extranjera como intermediario, hablante intercultural.

La intención es encontrar y formular nuevos objetivos para adquirir una competencia que incluya la posibilidad de una comprensión mutua en situaciones interculturales y facilite al alumno su encuentro con otras culturas. Hay cuatro razones fundamentales para replantearse el concepto de competencia comunicativa:

1. Una necesidad de dar mayor importancia al aspecto sociocultural en la enseñanza y en el aprendizaje de una lengua.

2. El concepto de competencia comunicativa está basado en el *hablante ideal*: un hablante ideal en interacción con otro hablante ideal. Toda teoría debe tener en cuenta el hecho de que los alumnos no repiten simplemente, en una segunda lengua, los procesos de aprendizaje de su lengua materna, aunque haya algunos aspectos comunes (**Byram**, 1995). En este aspecto, **Byram** difiere del planteamiento de **Hymes,** quien considera que el proceso de adquisición de una segunda lengua puede compararse al de la primera. Para **Byram**, las personas que entran en contacto con una nueva lengua y una nueva cultura son personas con un bagaje cultural propio, con una identidad y un *status* social. Dicha interacción obliga a menudo a un cambio de *status* social por ejemplo, pasar a ser representante de su país de origen, adquirir el *status* de inmigrante, etc. El hecho de pretender que el alumno se convierta en un hablante nativo no observa esas consideraciones. El objetivo de la enseñanza y el aprendizaje de una lengua extranjera debe ser realista en relación con lo que se puede enseñar y aprender. El alumno tiene un bagaje cultural propio que debe ser tenido en cuenta, ya que influye en cómo ve él la nueva cultura. Por esta razón:

3. Es necesario introducir en el aula ambas culturas: la del alumno y la de la lengua extranjera, para hacerla *intercultural*. Introducir aspectos interculturales es básico. Hasta ahora el aspecto cultural se había centrado exclusivamente en la cultura extranjera estudiada (**Jaeger**, 1995).

4. Tradicionalmente, la formación en lenguas extranjeras se ha centrado en el aspecto cognitivo de aprender una nueva lengua y otra cultura, mientras que se han subestimado los aspectos emocionales en el contacto con una cultura extranjera –la experiencia demuestra que desempeñan un papel importante.

En relación con este último aspecto, **Schumann** (1975) describe tres tipos de desorientación experimentados por personas que viven en una cultura extranjera durante un largo periodo de tiempo:

- *Choque lingüístico,* con sentimientos frustrantes por la falta de competencia en la lengua extranjera.
- *Choque cultural,* por el hecho de que no le funcionan las estrategias usuales, que usa en su propia lengua, para resolver problemas.

- *Estrés cultural*, causado por cuestiones de identidad por ejemplo, debido al cambio de un *status* social en la cultura extranjera.

Estos aspectos abarcan factores afectivos que ocurren en encuentros interculturales y que no se tienen en cuenta ni se integran en la teoría de la competencia comunicativa.

Vamos a examinar ahora los modelos más importantes de aprendizaje de la competencia (inter)cultural que se han investigado y experimentado hasta ahora.

Comportamiento adecuado: <u>Enfoque de las destrezas sociales</u> [The Social Skills Approach]

De acuerdo con la teoría de la psicología social actual, la competencia intercultural consiste básicamente en ser capaz de comportarse de forma apropiada en el encuentro intercultural, es decir, de acuerdo con las normas y convenciones del país, e intentar simular ser un miembro más de la comunidad. La idea básica es que cada reunión, cada contacto es una situación social que requiere unas destrezas sociales por parte de los participantes para que el encuentro resulte exitoso.

Este enfoque ha hecho hincapié tradicionalmente en la comunicación no verbal: mímica, gestos, contacto visual, distancia entre los interlocutores, contacto físico, etc. (**Furnham** y **Bochner**, 1986).

El lenguaje se considera como una de las barreras más importantes entre las culturas, pero la formación en este enfoque está centrada en aspectos pragmáticos de la competencia lingüística, como cortesía, estructura conversacional, importancia del efecto o impacto de los estilos del discurso, normas de las situaciones y relaciones sociales, etc. También se usan técnicas de asimilación cultural, a través del análisis de situaciones conflictivas, para explicar las diferencias culturales.

El modelo presupone no sólo un conocimiento amplio de la cultura en cuestión, sino también de todas las situaciones específicas en que uno se puede encontrar. Esto significa que debe aprenderse un repertorio de fórmulas de comportamiento y dejar la propia cultura y personalidad de lado. Esta actitud comporta el riesgo de que el interlocutor sienta cierta superficialidad por parte del hablante, ya que aunque aplique los signos y señales propios de la cultura en cuestión, se le nota una falta de sinceridad en las acciones y de comprensión de los mecanismos y creencias más profundos de la cultura.

Por otra parte, el modelo no ofrece estrategias de prevención del choque cultural ni de tratamiento de los problemas emocionales, que surgen en contacto con otras culturas (**A. Aarup Jensen**, 1995).

Actitud personal: <u>Enfoque holístico</u>
[The Holistic Approach]

El enfoque parte de la idea de que la competencia intercultural es ante todo una cuestión de actitud hacia otras culturas en general y hacia culturas específicas en particular. La competencia intercultural integra aquí un grupo de destrezas más generales relacionadas con los aspectos afectivos que desempeñan un papel importante en el contacto cultural. Se trata del enfoque que ha encontrado más partidarios hasta ahora y que, por tanto, se ha desarrollado y experimentado más.

El objetivo de este método es la adquisición de conocimiento y comprensión de los sistemas culturales. Tanto la cultura del alumno como la cultura extranjera están presentes explícitamente y se tienen en cuenta en el aula. Estos aspectos son considerados por **Murphy** (1988) en su clasificación de métodos de enseñanza.

De acuerdo con **Murphy**, la finalidad primordial de incluir aspectos afectivos y emocionales es reducir el etnocentrismo y modificar las actitudes individuales hacia los otros, lo que repercute en un cambio en la propia actitud. El lenguaje es considerado parte de la cultura, en el sentido de que los signos lingüísticos sólo son la parte más visible de la cultura extranjera. Por consiguiente, no es suficiente estudiar el lenguaje para adquirir una comprensión de la cultura.

Este enfoque no busca sólo proporcionar herramientas en relación con la cultura en cuestión -como hace el Enfoque de las destrezas sociales-, sino que va más lejos al pretender desarrollar formas de comprensión general de las culturas. Por otra parte, la cultura del alumno desempeña un papel esencial en el proceso, pues adquiere conciencia de la realidad cultural propia. Este es el primer paso hacia una comprensión y empatía hacia los demás, objetivo muy importante en este método.

Byram (1995) comenta al respecto: *Cuando una persona aprende una lengua extranjera, se enfrenta a diferentes interpretaciones de muchos de los valores, normas, comportamientos y creencias que había adquirido y asumido como naturales y normales. El concepto del tiempo es diferente, los nombres de los días de la semana y también los comportamientos e ideas* *asociados con ello. Los valores y creencias que asumía como universales al ser los dominantes en la sociedad en que vivía resultan ser relativos y diferentes en cada país. Esto significa poner en tela de juicio las normas fundamentales adquiridas previamente y dadas por supuestas. ...La competencia intercultural es, pues, la habilidad de poderse manejar en este tipo de situaciones, con contradicciones y diferencias.*

Hay varios puntos que conviene ver con más detalle en relación al Enfoque holístico:

- **El papel de la personalidad y la identidad.** Se pretende que la persona, en un contacto intercultural, sea capaz de seguir siendo ella misma. **Meyer** (1991) dice al respecto que uno de los elementos que forman parte de la competencia intercultural es la habilidad del individuo para estabilizar su propia identidad durante un encuentro cultural y, además, para ser capaz de ayudar a los otros participantes a estabilizar la suya.

- **El desarrollo de la empatía.** Un aspecto importante es la capacidad cognitiva de comprender un punto de vista diferente y saberlo situar en la propia cultura, ser capaz de "ponerse en el lugar del otro". Esta habilidad incluye poder interpretar las respuestas verbales y no verbales.

- **El *actor intercultural.*** A la persona que adquiere una competencia intercultural se la denomina *actor intercultural* y su función es ser un mediador entre las culturas en contacto. **Taft** (1981) da la siguiente definición: *Un mediador cultural es la persona que facilita comunicación, entendimiento y acción entre personas o grupos que difieren en cuanto al lenguaje y la cultura. El papel del mediador consiste en interpretar expresiones, intenciones, percepciones y expectativas de los grupos en cuestión, estableciendo y nivelando la comunicación entre ellos. Para facilitar esta tarea, el mediador debe ser capaz de participar en ambas culturas, de manera que, en cierto sentido, ha de ser bicultural.*

En relación con el requisito de la biculturalidad para la adquisición de competencia intercultural, **Hall** (1978) comenta: *Una cultura dada no se puede comprender simplemente en términos del contenido ni de las par-*

tes. Hay que conocer cómo se aúna el sistema, cómo lo hacen los sistemas de mayor importancia y la función del dinamismo, y cómo se interrelacionan. Esto nos conduce a una singular conclusión, a saber: que no es posible describir una cultura únicamente desde dentro ni únicamente desde fuera sin hacer referencia a otra. Las personas biculturales y las situaciones de contacto cultural amplían las posibilidades de comparación.

Meyer (1991) distingue tres etapas en la adquisición de la competencia intercultural:

- *Nivel monocultural.* En este nivel, la persona se basa mentalmente en su cultura: se enfrenta a todas las acciones que realiza y soluciona todos los problemas con los que se encuentra de acuerdo con las normas, valores, interpretaciones y reglas de su propia cultura. La cultura extranjera se ve y se interpreta según la perspectiva de la propia cultura. En este nivel prevalecen los tópicos, prejuicios y estereotipos.
- *Nivel intercultural.* En este nivel se está mentalmente situado entre las dos culturas en cuestión. El conocimiento que se tiene de la cultura extranjera permite hacer comparaciones entre ambas y se tienen suficientes recursos para explicar las diferencias culturales.
- *Nivel transcultural.* En este nivel la persona se sitúa por encima de las culturas implicadas, con una cierta distancia, permitiéndole colocarse en una situación de mediador entre ambas. En este proceso, el mediador utiliza principios internacionales de cooperación y comunicación. La comprensión adquirida en este nivel le permite desarrollar su propia identidad.

Meyer define así la competencia intercultural:

La competencia intercultural, como parte de una amplia competencia del hablante de una lengua extranjera, identifica la habilidad de una persona de actuar de forma adecuada y flexible al enfrentarse con acciones, actitudes y expectativas de personas de otras culturas. La adecuación y la flexibilidad implican poseer un conocimiento de las diferencias culturales entre la cultura extranjera y la propia; además, tener la habilidad de poder solucionar problemas interculturales como consecuencia de dichas diferencias. La competencia intercultural incluye la capacidad de estabilizar la propia identidad en el proceso de mediación entre culturas y la de ayudar a otras personas a estabilizar la suya.

En relación con el papel del *actor intercultural* hay, pues, dos puntos de vista. Uno señala que lo ideal es que la persona sea bicultural, es decir, con un pie en cada cultura, como indica **Taft**. El otro habla de una persona que refuerce su propia identidad en la situación y que se encuentre situada por encima de ambas culturas, con cierta distancia y neutralidad, como señala **Meyer.**

En ambos casos, de todas maneras, es indispensable el conocimiento y la comprensión de las culturas en cuestión.

El primer objetivo de la enseñanza de la competencia intercultural se centra en la adquisición de destrezas de la lengua extranjera, algo imprescindible para interpretar y comprender otra cultura y poder comunicarse. Una falta de competencia lingüística es negativa para la propia autoestima, al no poder expresarse totalmente como uno quisiera (**Harder**, 1980). De todas formas, el nivel de competencia lingüística debe ser realista en vista de que los encuentros pueden darse tanto entre un hablante de lengua extranjera con un hablante nativo como entre dos hablantes de lengua extranjera.

Las propuestas didácticas sugieren que el alumno debería familiarizarse con métodos que combinen la participación activa y la observación. La idea de aplicar métodos etnográficos en relación con la adquisición de la competencia intercultural ha sido desarrollada por autores como **Ouellet** (1984), **Kane** (1991), **Byram** y **Esarte-Sarries** (1991) y **Barro** (1993). Uno de los objetivos de la aplicación de estos métodos es proporcionar estrategias al alumno que, al mismo tiempo que participa, se encuentra inmerso en la cultura extranjera: observa, describe, analiza, interpreta y, por tanto, comprende las diferencias y similitudes a fin de combinar las experiencias afectivas con el conocimiento cognitivo de la cultura. Esta técnica permite que los estudiantes adquieran métodos y técnicas para un futuro desarrollo y perfeccionamiento de su competencia intercultural.

Para resumir, podríamos decir que todas las aproximaciones al concepto de competencia intercultural están de acuerdo en observar las siguientes características (**Soderberg**, 1995):

- **Es efectiva**: se persigue que la persona sea capaz de comunicarse con su interlocutor, con otro bagaje cultural diferente del suyo, de tal forma que el mensaje se reciba e interprete según sus intenciones.
- **Es apropiada**: se persigue que la persona en un encuentro intercultural pueda actuar de forma correcta y adecuada, de acuerdo con

las normas implícitas y explícitas de una situación social determinada en un contexto social concreto.

- **Tiene un componente afectivo**: incluye empatía, curiosidad, tolerancia, flexibilidad ante situaciones ambiguas.
- **Tiene un componente cognitivo**: incluye una comprensión general de las diferencias culturales y un conocimiento específico de algunas culturas, la reflexión sobre la diferencia, los estereotipos y los prejuicios.
- **Tiene un componente comunicativo**: incluye la habilidad de comprender y expresar signos verbales y no verbales, interpretar papeles sociales específicos de forma culturalmente aceptable.

Una consecuencia clara de este tipo de aproximación es el cambio que supone en la actitud, métodos de trabajo y preparación del profesorado, ya que no sólo se pretende influir en los conocimientos, sino, básicamente, en las actitudes. Conocimientos de psicología (formación de prejuicios y actitudes), de adquisición de lenguas, etnografía (aprendizaje basado en la experiencia), entre otros, deberán formar parte del currículo de formación del profesorado.

4. ENFOQUES EN LA INTERPRETACIÓN DE LAS CULTURAS

En este apartado comentaremos algunas aproximaciones a la interpretación de las culturas, que van a ser utilizadas posteriormente en el análisis de los datos.

Lo que tienen en común estos enfoques es que facilitan pautas para interpretar aspectos del sistema que se encuentran dentro del ámbito de la cultura no consciente y ejercen una influencia oculta sobre el comportamiento y la vida.

4.1 LOS TRES CONCEPTOS DE E.T. HALL: EL CONTEXTO, EL ESPACIO Y EL TIEMPO

E. T. Hall (1978, 1986, 1989a, 1989b), con el objetivo de explicar las diferencias *ocultas* que caracterizan y pueden dificultar la comunicación y, por tanto, contribuir a la disminución de los malentendidos en relaciones interculturales, señala unos *sistemas ocultos de comportamiento* que dotan a ciertas acciones de significado y llenan de contexto ciertos comportamientos. Los más determinantes son: el **contexto**, el **espacio** y el **tiempo**. Los demás aspectos que comentaremos están relacionados con ellos de una u otra forma: el **caudal de información** y las **cadenas de acción**.

• Contexto

El contexto es la información que rodea el acontecimiento y se relaciona estrechamente con su significado.

En la contextualización intervienen dos procesos completamente distintos: el primero tiene lugar en el cerebro en función de la experiencia pasada (**contextualización interiorizada**, programada). El segundo proceso tiene lugar fuera; se trata de la contextualización exterior y comprende la situación o el escenario en que ocurre un acontecimiento (**contextualización situacional** o ambiental).

Cuando dos personas hablan, una de ellas emite sólo parte del mensaje. El resto lo añade el que escucha. Mucho de lo que no dice se sobreentiende. Pero las distintas culturas difieren en lo que queda tácito.

Desde el punto de vista práctico de la estrategia de la comunicación, uno debe decidir cuánto tiempo dedica a contextualizar a otra persona. Esto es siempre necesario en cierta medida, de tal forma que la información que constituye las porciones explícitas del mensaje no sea insuficiente ni excesiva.

Existen dos tipos de culturas: unas se caracterizan por un contexto de comunicación alto y otras por un contexto de comunicación bajo. En las primeras, la información se encuentra básicamente en la misma persona, con muy poca información explícita y transmitida en el propio mensaje. En las culturas con un contexto de comunicación bajo ocurre lo contrario; la mayor parte de la información se encuentra en el propio mensaje, al objeto de compensar lo que falta en el contexto. Un ejemplo representativo sería el de los gemelos que han crecido juntos y que se comunican de forma más económica (alto contexto de comunicación) que dos abogados durante un juicio (bajo contexto de comunicación).

La comunicación de contexto alto es, pues, en contraste con la de contexto bajo, económica, rápida, eficaz y satisfactoria; no obstante, hay que dedicar tiempo a la programación. Si no ha habido programación, la comunicación es incompleta

Las culturas caracterizadas por la cercanía de las relaciones (familia, amigos, clientes, compañeros de estudios, de trabajo, etc.) poseen un alto contenido de información mutua y, por tanto, en sus relaciones diarias no necesitan ni esperan demasiados antecedentes de información. En estas situaciones, los interlocutores se mantienen informados sobre las personas que son importantes en sus vidas. Hablamos de culturas con un alto contexto de comunicación. Las personas que forman parte de este tipo de culturas esperan más de los demás que quienes forman parte de culturas de contexto bajo. Cuando habla de algo que tiene en su cabeza, el individuo de contexto alto esperará que su interlocutor sepa lo que le preocupa, de manera que no tenga que especificarlo. El resultado es que hablará dando rodeos, colocando, de hecho, todas las piezas en su lugar excepto el punto crucial. Colocar éste donde corresponde es el papel del interlocutor; hacerlo por él es un insulto y una violación de su individualidad.

En las culturas con un contexto de comunicación bajo, las relaciones se mantienen a una distancia que no permite compartir tanta información, por lo que cada vez que se comunican necesitan antecedentes detallados de información, esto es, explicar.

Cuando personas pertenecientes a diferentes contextos de comunicación se relacionan, ocurre a menudo que la de contexto alto se impacienta y se irrita cuando la de contexto bajo insiste en que le proporcione información que la primera no considera necesaria. Por el contrario, la de contexto bajo se siente perdida cuando la de contexto alto no le suministra suficiente información.

• Espacio

El espacio, personal y social, y la percepción que de él tiene el hombre se ve enormemente influido por la cultura. Durante mucho tiempo se creyó que la experiencia era lo que todas las personas comparten, suponiendo que, cuando dos seres humanos la han compartido, los mismos datos entran, de hecho, en los dos sistemas nerviosos centrales y los dos cerebros los registran del mismo modo. Esto no es siempre cierto, especialmente cuando las culturas son diferentes, ya que la gente no sólo habla lenguajes diferentes, sino que, y esto importa más aún, habitan diferentes mundos sensoriales.

Miles de experiencias nos enseñan por sí mismas que el espacio comunica cosas. Sin embargo, este hecho probablemente no habría alcanzado nunca el nivel consciente si no se hubiera descubierto que está organizado de un modo distinto en cada cultura. Las asociaciones y sentimientos que produce el espacio en un miembro de una cultura casi siempre significan otra cosa en el otro. Cuando decimos que una persona de otra cultura es *molesta*, pues tiene una actitud agresiva e insistente o fría y distante, puede que lo que ocurra es que el modo que tiene de tratar el espacio es diferente del nuestro. Muchas veces no se tiene en cuenta que la distancia personal es algo cultural y estas señales diferentes tienden a malinterpretarse.

El espacio incluye no sólo el territorio que se percibe a través de la vista, sino también por los oídos, la piel y el olfato. Las diferentes percepciones del espacio influyen en la comunicación.

La percepción del espacio, además, no es sólo cuestión de lo que puede percibirse, sino también de lo que puede eliminarse. Las personas que se han criado en diferentes culturas aprenden de niños, sin que jamás se den cuenta de ello, a excluir cierto tipo de información, al mismo tiempo que atienden cuidadosamente a información de otra clase. Algunas culturas, por ejemplo, tienen diferentes modos de conseguir la exclusión visual y no necesitan paredes gruesas ni puertas robustas para eliminar los ruidos, pudiéndose concentrar sin dificultades.

La percepción olfativa difiere también mucho entre las culturas. Cuando viajan a algunos países mediterráneos, a algunas personas de culturas donde no hay una gran variedad olfativa les sorprenden, por ejemplo, los fuertes perfumes que se ponen los hombres.

Las "normas" espaciales tienen límites distintos y un significado tan hondo que forman parte esencial de la cultura. Hay cuatro tipos de distancias: íntima, personal, social y pública y unos espacios y actividades relacionados con ellas. La distancia empleada es un factor decisivo del modo de sentir de las personas una respecto de la otra en un momento determinado. Estos conceptos no son fáciles de captar, porque la mayoría de los procesos de percepción de distancias se producen fuera de la conciencia. Sentimos que la gente está cerca o lejos, pero no siempre podemos decir en qué nos fundamos. Lo que en una cultura es íntimo puede resultar personal o incluso público en otra.

• Tiempo

Hay muchos sistemas temporales en el mundo, pero los dos más importantes son el **monocrónico** y el **policrónico**. El primero implica prestar atención a una sola cosa a la vez. El segundo supone hacer muchas cosas al mismo tiempo.

En las culturas monocrónicas, el tiempo se experimenta de forma lineal, dividido en segmentos, organizado. La persona se concentra en una sola cosa y el calendario establecido es prioritario e inalterable.

Los sistemas policrónicos son la antítesis de los monocrónicos. Se caracterizan por la simultaneidad de las acciones y por la alta implicación de las personas. Se considera más importante la acción misma que cumplir con el calendario establecido. Por ejemplo, dos personas policrónicas conversando en la calle optarán por llegar tarde a su próxima cita y no por concluir de forma abrupta su conversación.

Hall resume las características de ambos tipos de concepción del tiempo de la forma siguiente:

PERSONAS MONOCRÓNICAS	PERSONAS POLICRÓNICAS
– hacen una cosa a la vez	– hacen muchas cosas al mismo tiempo
– se concentran en el trabajo	– se distraen fácilmente
– fijan compromisos de calendario	– consideran los compromisos de calendario un objetivo a conseguir, en caso de que sea posible
– son de bajo contexto y necesitan información	– son de alto contexto y poseen información
– su prioridad es el trabajo	– su prioridad son las personas y las relaciones humanas
– no se apartan de los planes fijados	– cambian de planes a menudo y fácilmente
– se preocupan por no molestar a los demás, respetan la intimidad	– están más preocupados por las personas cercanas (familia, amigos...) que por la intimidad
– muestran gran respeto por la propiedad, pocas veces prestan cosas	– prestan cosas asiduamente y con facilidad
– dan prioridad a la rapidez	– basan la rapidez en el tipo de relación
– están acostumbrados a relaciones cortas	– tienen una gran tendencia a construir relaciones duraderas

• Caudal de información

Se refiere a la cantidad de información que se mide teniendo en cuenta el tiempo que tarda el mensaje en alcanzar su objetivo: la repuesta adecuada. En las culturas de contexto bajo, el caudal de información suele ser lento, al contrario de las de contexto alto, donde la información se distribuye y mueve fácilmente.

En las culturas de contexto alto, los contactos personales tienen preferencia sobre cualquier otra cosa, ya que las personas se sitúan en un mismo espacio. Por ejemplo, en el ambiente laboral, las personas suelen compartir espacios para obtener información. Se trata de una necesidad muy fuerte de estar al día y de mantener el contacto.

En las culturas donde el caudal de información es lento, el sentido de la intimidad es alto. Por ejemplo, en el ambiente laboral, se trabaja en despachos cerrados y no se comparte la información. A menudo, deben contratarse asesores externos para explicitar lo que muchos ya habían sospechado pero no querían identificar o eran incapaces de hacerlo.

• Cadenas de acción.

Una cadena de acción es un conjunto de acontecimientos en que participan una o más personas. Las cadenas de acción pueden ser simples, complejas o derivadas. Cada acción tiene un comienzo, un clímax y un final, y comprende cierto número de etapas intermedias. Si alguno de los actos básicos se pasa por alto o se distorsiona demasiado, la acción debe reiniciarse. Hacer el desayuno, encontrar a un amigo, comprometerse, comprar algo en una tienda, escribir un poema; todas estas son cadenas de acción de complejidad diversa.

El grado en que se está comprometido a completar las cadenas de acción es una de las muchas formas en que varían las culturas.

Las personas de contexto alto, al poseer mucha información previa, suelen tener la capacidad de participar en muchas actividades distintas con personas diferentes en cualquier momento, por lo que las cadenas de acción se interrumpen constantemente. Las personas de contexto bajo, suelen sentirse más cómodas ocupándose de una sola cosa en cada momento y prefieren acabar sin interrupciones las cadenas de acción. Dos personas, una de contexto alto y otra de contexto bajo, que participan en la misma tarea, concebirán todo el proceso desde puntos de vista muy distintos y no sólo tendrán objetivos diversos, sino también prioridades diferentes. En una relación intercultural estas dos concepciones chocan, y las personas se interpretan recíprocamente como *desorganizados* o *de ideas fijas*.

Los pasos de una cadena de acción en una cultura determinada son tan técnicos, compartidos y dados por supuestos que, a menudo, no les prestamos la consideración que debiéramos. Hay normas importantes que regulan la estructura, pero no tanto el contenido. Si se omite uno de los pasos, la acción debe reiniciarse.

Las culturas monocrónicas, de contexto bajo, con su dependencia de la planificación y cumplimiento del calendario, son, por ejemplo, especialmente sensibles a las interrupciones y vulnerables a la omisión de las etapas establecidas en una cadena de acción determinada.

A su vez, las personas pertenecientes a culturas de alto contexto por su alto nivel de información mutua son más flexibles. A menudo, rompen los pasos establecidos en la cadena de acción simplemente porque no les gusta la forma en que se desarrolla o porque se les ha ocurrido una idea mejor para conseguir sus objetivos.

4.2. LAS CUATRO DIMENSIONES DE G. HOFSTEDE

G. Hofstede (1984) identifica cuatro dimensiones principales en los sistemas de valores de trabajadores de una multinacional en los 40 países que ha investigado. Estos sistemas afectan, de forma predecible, al pensamiento humano, las organizaciones y las instituciones.

Hofstede relaciona las cuatro dimensiones –que aparecen en cursiva– con los aspectos de análisis estándar que contemplan **Inkeles** y **Levinson** (1969):

- relación con la autoridad (*distancia de poder*);
- dilemas o conflictos primarios, formas de tratarlos, incluyendo el control de la agresión, de la expresión y la inhibición del afecto (*incertidumbre*);
- concepción de uno mismo, incluyendo aspectos de masculinidad y femineidad (*individualismo* y *masculinidad*).

• Distancia de poder

Este aspecto se basa fundamentalmente en las desigualdades humanas. La desigualdad puede darse en áreas como el prestigio, la riqueza, el poder, las leyes, derechos, normas y privilegios –considerados como leyes privadas–. Las sociedades establecen diversas prioridades y cualidades en una u otra área.

Distancia de poder es obviamente aquella que separa a las personas en base a su relación jerárquica, por ejemplo, entre A (el jefe) y B (el subordinado). El concepto se debe a **Mulder** (1976, 1977), quien define el poder como *el potencial que determina o influye en el comportamiento de otra persona o personas más que a la inversa* y considera la distancia de poder como *el grado de desigualdad en poder entre una persona y otra más poderosa*, perteneciendo ambas al mismo sistema social.

La distancia de poder aceptada por A y B y respaldada por su ambiente social está determinada por su propia cultura. Las normas sociales en relación con este aspecto se basan especialmente en los valores que transmiten los padres a los hijos y afectan a conceptos como independencia, conformidad, autoritarismo, consideración, respeto, etc.

• Incertidumbre

La incertidumbre o ambigüedad en relación con el futuro es un factor humano básico relacionado con la tecnología, la ley y la religión. La ansiedad, la necesidad de seguridad y la dependencia, entre otros factores, reflejan una situación clara de incertidumbre contra la que se intenta luchar.

Las sociedades se enfrentan a la incertidumbre de formas diferentes que no están necesariamente relacionadas con las normas de dependencia de la autoridad. Una de las formas de luchar contra la ambigüedad consiste en establecer reglas y normas de conducta para que el comportamiento humano sea predecible. La autoridad de las reglas actúa de forma diferente de la de las personas. La primera quiere evitar la incertidumbre y la segunda establecer la distancia de poder. Los rituales y las tradiciones, por ejemplo, sirven para evitar la incertidumbre humana.

• Individualismo

Este aspecto describe la relación entre la persona y la colectividad, su (in)dependencia emocional. Se refleja en cómo viven y se relacionan las personas. En algunas culturas, el individualismo se percibe como una cualidad y una fuente de bienestar; en otras, en cambio, se considera un defecto.

• Masculinidad

La dualidad de los sexos es un aspecto que las sociedades afrontan de manera diversa. La cuestión es si las diferencias biológicas deben o no tener implicaciones en los papeles que desempeñan las personas en sus actividades sociales.

4.3. LA DESCRIPCIÓN DENSA DE C. GEERTZ

C. Geertz (1973) propone una antropología concebida como acto interpretativo, al contrario de la mayoría de los antropólogos que optan por construir una antropología científica. Esta disciplina, llamada *antropología simbólica,* supone un nuevo modo de concebir el trabajo antropológico.

Geertz propugna una concepción semiótica de la cultura. Piensa –al igual que **Max Weber**– que el hombre es un animal inserto en ramas de significación que él mismo ha tejido y que, por tanto, la cultura es esa urdimbre, considerando así que su análisis no es una ciencia experimental basada en la búsqueda de leyes, sino una ciencia interpretativa en busca de significaciones. **Geertz** busca la explicación, interpretando expresiones sociales que son enigmáticas en su superficie.

El trabajo del antropólogo es hacer etnografía a través de una *descripción densa*, término acuñado por **Gilbert Ryle**. Es como *tratar de leer –en el sentido de interpretar un texto– un manuscrito extranjero, borroso, plagado de elipsis, de incoherencias, de sospechosas enmiendas y de comentarios tendenciosos.*

Aquello que los antropólogos consideran *sus datos* no son más que interpretaciones de lo que otras personas piensan y sienten; por tanto, la investigación antropológica ha de considerarse más como una actividad de interpretación –como en realidad es– que como una actividad de observación y descripción –como suele hacerse.

Como ejemplo de descripción densa **Geertz** cita a **Ryle**: *Consideremos el caso de dos muchachos que contraen rápidamente el párpado del ojo derecho. En uno de ellos el movimiento es un tic involuntario; en el otro, una "guiñada" de conspiración dirigida a un amigo. Los dos movimientos, como movimientos, son idénticos; vistos desde una cámara fotográfica, observados "fenómicamente" no se podría decir cuál es el tic y cuál es la señal, ni si ambos son una cosa o la otra. Sin embargo, a pesar de que la diferencia no puede ser fotografiada, la diferencia entre un tic y un guiño es enorme, como sabe quien haya tenido la desgracia de haber tomado el primero por el segundo. El que guiña el ojo está comunicando algo y comunicándolo de una manera bien precisa y especial: 1) deliberadamente, 2) a alguien en particular, 3) para transmitir un mensaje particular, 4) de conformidad con un código socialmente establecido y 5) sin conocimiento del resto de los circunstantes. El guiñador hizo dos cosas (contraer su ojo y hacer una señal) mientras que el que exhibió el tic hizo sólo una,* *contrajo el párpado. Contraer el ojo con una finalidad cuando existe un código público según el cual hacer esto equivale a una señal de conspiración es hacer "una guiñada". Consiste, ni más ni menos, en esto: una pizca de conducta, una pizca de cultura y un gesto.*

Geertz propone preguntar por el sentido, por el valor del signo: si es mofa o desafío, ironía o cólera, esnobismo u orgullo, lo que se expresa a través de su aparición; es decir, desentrañar lo que significa, realizar una lectura de lo que ocurre.

5. EXPOSICIÓN Y ANÁLISIS DE LOS DATOS

En este apartado describiremos los métodos de recogida de datos utilizados y también a los informantes. A continuación presentaremos los datos y su análisis.

5.1. Métodos de recogida de datos, corpus y descripción de los informantes
- El cuestionario
- La introspección
- Listas de distribución a través del correo electrónico
- Los relatos

5.2. Choque cultural (presentación de los datos)
    5.2.1 Análisis y comentario de los datos

5.3. Malentendidos
    5.3.1 Clasificación temática
    5.3.2 Presentación de los datos y análisis
    5.3.3 Conclusión

5.1. Métodos de recogida de datos, corpus y descripción de los informantes

MÉTODOS DE RECOGIDA DE DATOS	TIPO DE DATOS	INFORMANTES		
		Número	**País**	**Sexo**
– Cuestionario	*CHOQUE CULTURAL*	14	Italia (5), Japón (2), Alemania (2), Brasil, Dinamarca, Escocia, Inglaterra, Irlanda	12 F / 2 M
	MALENTENDIDOS **n.º historias**			
– Cuestionario	13	8	Italia, España, Alemania, Inglaterra, Japón, Dinamarca, Irlanda, Escocia	7 F / 1 M
– Introspección	2	1	España	1 F
– Listas distribución	11	11	España, Argentina (3), Mejico, Brasil, Alemania, Escocia, Canadá, EE.UU., Ucrania	5 F / 6 M
– Relatos	3	3	Italia, EE.UU., Países Bajos	3 M
TOTAL	**29**	**23**	**15**	**13 F / 10 M**

Cuando decidimos estudiar las dificultades de comunicación causadas por una insuficiente competencia sociocultural consideramos necesario trabajar con informantes que tuvieran un nivel medio-alto de competencia lingüística para delimitar, situar y clarificar el objetivo de la investigación: se trataba de estudiar los malentendidos por diferencias culturales donde no intervinieran elementos lingüísticos, aunque sí tenían cabida elementos pragmáticos, como el lenguaje de los gestos o la cortesía.

Clarificar el objetivo del estudio no era sólo básico para nosotros, sino también para definir y explicar qué pedíamos exactamente a los informantes. A menudo, asociamos los malentendidos con dificultades de comunicación debidas a un insuficiente conocimiento de la lengua sin dar tanta importancia a los problemas derivados de aspectos socioculturales.

Las normas comunicativas abarcan tanto conocimientos verbales y no verbales como normas de interacción y de interpretación, estrategias para conseguir las finalidades que se persiguen y conocimientos socioculturales (valores, actitudes, relaciones de poder, etc.). Lógicamente, cuando en un encuentro los interlocutores poseen diferentes normas, pueden producirse conflictos comunicativos y malentendidos (**A. Tusón**, 1994).

Hay que tener en cuenta un aspecto importante y que suele pasar inadvertido: incluso la gente que comparte la misma lengua y la misma cultura se encuentra muchas veces en situaciones conflictivas por malentendidos, aunque a veces no sea del todo consciente. Las destrezas comunicativas que se requieren implican un control continuo del entendimiento mutuo, tanto entre hablantes de la misma lengua materna como, y más especialmente, en relaciones interculturales.

Así pues, una vez determinado el objetivo, y tras reflexionar sobre los posibles métodos de recogida de datos, nos inclinamos inicialmente por el cuestionario.

• El cuestionario

Confeccionar un cuestionario que pudiera recoger toda la información que pedíamos no fue tarea fácil. Se trataba de recoger experiencias de diferentes personas, procedentes de países diversos, pero que tuvieran en común aspectos que se consideraban importantes: un nivel medio-alto de la lengua extranjera y experiencia en la comunicación intercultural; es decir, que conocieran otras lenguas y que hubieran estado en contacto con otras culturas o hubieran vivido en otros países. Está claro que, en caso de que se hubiera optado por personas con un nivel mínimo de la lengua, la mayoría de experiencias hubieran tenido una base lingüística. Por otra parte, en personas sin experiencia en comunicación intercultural hubiera sido fácil prever dificultades en el contacto con otras culturas.

Se pasó el cuestionario a alumnos de 3° (1995) y 4° (1996 y 1997) de la Escuela Oficial de Idiomas de Barcelona en el curso intensivo de verano que se realiza durante el mes de julio y que tiene cinco niveles. Las características de estos grupos coincidían plenamente con el "informante ideal", ya que en su mayoría son personas con experiencia intercultural. La verdad es que pedir, sin más, que contestaran al cuestionario era realmente "pedir demasiado", pues se trataba de un ejercicio difícil y, en ciertos casos, lleno de emotividad, de vuelta al pasado, de revivir ciertos momentos de su vida a través de los recuerdos. En concreto, pensamos que los ejercicios más "duros" y complicados de análisis y reflexión que se les pedía eran:

– Retrospección y reflexión sobre sus experiencias interculturales (pregunta 4). Nos interesaba saber si habían tenido experiencias anteriores en comunicación intercultural.
– Retrospección y reflexión sobre el choque cultural, sobre sus primeras impresiones al entrar en contacto con nuestra cultura (pregunta 10). Creíamos importante ver con qué aspectos de nuestra cultura habían tenido más dificultades al principio del contacto.
– Introspección y reflexión sobre el posible cambio que se pudiera haber producido en sus valoraciones de la pregunta 10 (pregunta 11). Con esta pregunta pretendíamos ver si, a través de un mayor conocimiento y comprensión de la cultura, se había producido alguna modificación en las apreciaciones del inicio, a menudo estereotipadas.
– Reflexión sobre la propia cultura y sobre la nuestra, realizando un análisis comparativo (pregunta 12). Aquí nos parecía importante que los informantes reflexionaran sobre aspectos de su propia cultura para tener conciencia de las coincidencias y divergencias .
– Retrospección para relatar situaciones en las que la comunicación no funcionó a causa de las diferencias culturales (pregunta 13). En esta pregunta pedíamos que fueran lo más explícitos posible, puesto que considerábamos que era la pregunta más importante del cuestionario.

Los cursos de verano de la Escuela Oficial de Idiomas se realizan por la mañana (de 9,30 a 13,30) durante todo el mes de julio, lo que significa convivir con los alumnos muchas horas, de forma intensiva. Esta situación crea cierta complicidad y confianza. Los alumnos te van conociendo, igual que tú a ellos. A final de curso se les explicaba la investigación que estábamos llevando a cabo, los motivos y los objetivos. Todos parecían muy interesados y, en consecuencia, accedían a contestarlo. Imaginando el trabajo que comportaba hacerlo, se les daba un margen largo de tiempo, generalmente unos seis meses, y la posibilidad de contestarlo en uno de cuatro idiomas, ya que no nos interesaban los aspectos lingüísticos, sino sus experiencias. Partimos de la base de que, por la dificultad que comportaba responder al cuestionario, no se podría realizar ningún tipo de análisis cuantitativo, pues pocas personas se verían capaces –por disponibilidad, ganas, tiempo, etc.– de responder a "nuestras exigencias". En realidad, tampoco era interesante realizar un análisis de ese tipo. ¿Qué tipo de conclusiones se podría obtener?: "que los alemanes son..." " que las japonesas son...". No tenía sentido. Por ello hemos omitido ciertos datos personales en el trabajo, excepto la nacionalidad y el sexo que quedan reflejados en las propias historias o comentarios. Nos interesaban sus historias personales, penetrar un poco en su intimidad, en sus momentos difíciles o divertidos y reflexionar sobre qué elemento, qué aspecto no había "funcionado" en la comunicación. La realidad es que, al leer las historias, vimos que ellos mismos ya habían reflexionado sobre este aspecto al escribirlas. Consideramos que sus experiencias pueden servir a otras personas que se encuentren en situaciones parecidas –aunque ninguna situación es igual– o servir de base para plantearnos que todo lo que damos por supuesto no lo es tanto. Pueden convencernos, finalmente, de que cuantos más recursos se den en el aula para evitar este tipo de situaciones, más facilitaremos una comunicación intercultural real. La necesidad de una comunicación efectiva es importantísima para que las personas tengan la oportunidad de mostrar cómo son y de conocer y comprender otras formas de ver el mundo. Lo único que necesitan es motivación y recursos. A través de este método recogimos todos los datos del apartado 5.2 y algunos datos del 5.3, en concreto los siguientes números: 1, 2, 4, 5, 7, 11, 12, 20, 21, 24, 25, 26, 27. El anexo 1 contiene el cuestionario.

El cuestionario no es el único método utilizado para la recogida de datos, aunque sí el más importante. Teniendo en cuenta que lo que realmente nos interesaba eran las historias, las situaciones conflictivas, los malentendidos y no tanto dónde ni cuándo se producían ni quién era la persona "afectada", decidimos posteriormente añadir los siguientes métodos:

• **La introspección**. La curiosidad por el tema, como ya hemos comentado, se debe en parte a la implicación personal. He creído siempre en la necesidad y la posibilidad de reducir este tipo de conflictos socioculturales. Me he encontrado en situaciones difíciles derivadas de malentendidos en un país extranjero y sé lo difícil que es salir airoso de una situación que uno no comprende o en la que uno no es comprendido. He considerado que podía ser interesante que yo misma reflexionara sobre ello y plasmara algunas de mis experiencias, aunque sólo fuera para darme cuenta de lo que realmente pedía a mis informantes, que no era poco. Los ejemplos del apartado 5.3 recogidos mediante este método son los números 8 y 22.

• **Listas de distribución a través del correo electrónico**. Las listas de distribución posibilitan el contacto y el intercambio de ideas con personas residentes en cualquier lugar del planeta. Varias de ellas (Apuntes, Edulist, ESPAN-L) tienen en común el mundo de la enseñanza y el de la lengua. Muchos de los de los participantes son profesores de español como lengua extranjera –nativos o no– en escuelas o universidades repartidas por diversos países. Pensamos que sería muy interesante conocer sus experiencias en relación con este tema –como personas en contacto con otra lengua y cultura– y que, además, como compañeros de profesión, comprenderían fácilmente el interés y los objetivos y colaborarían en la investigación. Y así fue. Los ejemplos recogidos mediante este método en el apartado 5.3 son los números: 3, 9, 14, 15, 16, 17, 18, 19, 23, 28 y 29.

• **Los relatos.** De las muchas anécdotas que han contado los estudiantes a lo largo de los años, algunas han sido especialmente peculiares por la repercusión que habían tenido en sus vidas, de una u otra forma. Hemos creído interesante añadir algunas de estas anécdotas. Los ejemplos recogidos a través de este método en el apartado 5.3 son los números: 6, 10 y 13.

En relación con la forma de presentar los datos y su clasificación, hay que precisar que:

– Los títulos de los malentendidos son "cosecha propia"; hemos intentado reflejar en ellos el tema en relación con el que recordamos la historia. No tiene, por tanto, nada que ver con su posible interpretación.

– Las historias se presentan de la forma más fiel posible a la realidad, teniendo en cuenta que se han corregido ciertos errores estilísticos y gramaticales que impedían la comprensión y se han traducido los relatos que estaban escritos en otra lengua.   .

– La clasificación temática de los datos ha seguido los aspectos que se detallaban en el cuestionario en la pregunta n.º 10. Durante la

confección del cuestionario, consideramos que eran los aspectos culturales más relevantes a la hora de establecer diferencias y similitudes. El hecho de haber elegido las historias o comentarios para situarlos en uno u otro aspecto es una decisión claramente subjetiva, ya que muchas de las anécdotas y comentarios podrían colocarse en apartados diferentes. Hemos optado por el aspecto que consideramos más relevante para su interpretación posterior.
– Las respuestas a las preguntas n.º 10, 11 y 12 del cuestionario, donde se pedía a los informantes que comentaran los aspectos que más les chocaron –positiva o negativamente– en su primer contacto con la cultura española, los cambios de opinión que se habían podido producir posteriormente y las diferencias respecto a su propia cultura, quedan reflejadas en el apartado 5.2. Aunque en principio el objetivo del estudio era los malentendidos, en vista de la interesante información que arrojaban las respuestas, pensamos que era importante incluir un apartado en este trabajo que reflejara los aspectos que produjeron un mayor impacto en el primer contacto con nuestra cultura por parte de los informantes.

5.2 CHOQUE CULTURAL

Cuando una persona entra en contacto por primera vez con una nueva cultura se produce el choque cultural –lo que en inglés se llama *cultural shock*–. Hay aspectos de esa nueva cultura que sorprenden positivamente y otros negativamente. Esta visión puede o no modificarse a medida que se va conociendo y, por tanto, profundizando más en ese nuevo mundo al que se ha accedido. A algunos les será más fácil adaptarse que a otros, dependiendo de su propio contexto cultural, de su experiencia previa o de su propia personalidad.

Estas son las respuestas a las preguntas 10, 11 y 12 del cuestionario en relación con los 17 aspectos que se detallan (anexo 1).

Los informantes debían señalar lo que más les había sorprendido (positiva o negativamente) al principio de su toma de contacto con la cultura española (pregunta 10); indicar si, después de cierto tiempo de contacto, había cambiado su opinión en algún aspecto (pregunta 11) y qué consideraban que se distanciaba más de su propia cultura (pregunta 12).

Las respuestas se refieren a la ciudad de Barcelona; en caso contrario, se menciona la ciudad.

Se han unificado las respuestas a las tres preguntas para facilitar la lectura, intentando reflejar al máximo la redacción original.

Datos sobre los informantes:
- Nacionalidad: Alemania (2), Brasil, Dinamarca, Escocia, Inglaterra, Irlanda, Italia (5), Japón (2).
- Edad: 22, 25 (2), 26, 27, 30, 31 (3), 34, 37, 38, 39, 41.
- Sexo: F (12), M (2)

a. El aspecto exterior de la gente
- *Los jóvenes y la gente mayor llevan mucho el color negro y me da la impresión de gente triste.* (Brasil)
- *Muy elegantes. Nos sentíamos mal vistiéndonos cómodos los fines de semana. La mujeres van mucho de negro, especialmente cuando se arreglan.* (Inglaterra)
- *Hay muchas mujeres que se visten de rojo en Madrid y llevan abrigos de visón. En Barcelona hay muchas mujeres rubias. Creo que las mujeres aquí son muy guapas y las envidio.* (Irlanda)
- *Mucha gente va vestida de blanco y de negro. No lleva mucha variedad de colores. La mayoría de las mujeres lleva minifalda. La gente presta más atención a los zapatos y al peinado.* (Alemania)
- *En el vestir la gente es sencilla. En otros aspectos (dentista, médico) no se cuida mucho, quizás porque es caro.* (Dinamarca)
- *Al principio me sorprendió que todo el mundo tuviera los ojos negros o marrones, me sentía cohibida ya que los tengo azules y soy rubia. También me sorprendió que los chicos llevaran los pantalones demasiado cortos y las chicas las faldas demasiado cortas y que las chicas llevaran los ojos maquillados con lápiz de ojos. La gente no va tanto a la moda como en mi país, allí se dejan influir por todas las modas, especialmente los jóvenes.* (Escocia)
- *Las mujeres van muy sexy y los hombres muy chulos.* (Japón)
- *La gente no va muy bien vestida.* (Italia)
- *La gente no se arregla tanto como en algunas partes de mi país.* (Italia)
- *Las chicas llevan más faldas, casi siempre llevan el pelo largo, son más delgadas y todas se depilan las axilas.* (Alemania)
- *La gente no va muy cuidada y arreglada.* (Italia)

b. El carácter de la gente

- *El carácter es muy fuerte, la gente habla fuerte (la mayoría chilla), muchos no aceptan la opinión de otros. También hay personas muy divertidas. (Brasil)*
- *Los empleados de las tiendas parecen muy educados y amables. La gente tiene poco respeto a la seguridad: cinturones de seguridad, etc. Nunca sabía cuántos besos dar y quién los daba primero. Cuando conoces más a la gente ves que es muy amable y cariñosa. La gente parece menos materialista y muy preocupada por la familia. Los jóvenes se quedan en casa de los padres mucho tiempo. (Inglaterra)*
- *Los españoles son muy cariñosos y parlanchines. Cuando están en compañía de un extranjero siempre quieren hacer alarde de saber dar palmadas al ritmo de la música. No son puntuales. Tienen muy buen sentido del humor. No saben conducir. Comen pipas por la calle y no tienen vergüenza de escupir las cáscaras al suelo. La gente pide tabaco por las calles a otras personas sin vergüenza, en mi país estaría muy mal visto. Los niños son más abiertos, más cariñosos y no se cortan tanto como en mi país. (Irlanda)*
- *La gente es muy sociable. Hay más comunicación entre la gente que no se conoce. La gente es más familiar y emotiva. La gente se identifica mucho con su región y no se van tan fácilmente a vivir a otra parte. La gente mayor tiene una mentalidad muy anticuada, especialmente en lo relacionado al sexo y a las drogas. Como la gente se comunica más fácilmente con personas desconocidas, yo tenía la impresión de que la gente es más abierta y tolerante. Pero ahora pienso que el hecho de ser social no tiene nada que ver con la tolerancia. (Alemania)*
- *Los españoles son abiertos, siempre piensan positivamente y no se preocupan mucho de su futuro. (Japón)*
- *La gente es muy abierta y simpática con carácter fuerte. Discuten mucho y dicen lo que piensan. (Dinamarca)*
- *La gente es muy abierta, muy animada, muy charlatana, habla con la voz muy alta y al principio creía que un poco agresiva, por la forma de hablar. Muy catalanistas. (Escocia)*
- *La gente es muy amable y al principio pensé que abierta, después vi que los catalanes son más cerrados de lo que pensaba. (Japón)*
- *La gente es muy abierta y divertida. (Italia)*
- *La gente es más alegre y amable que en mi país. (Italia)*
- *La gente es más abierta, disponible, amable, menos suspicaz que en mi país. (Italia)*

- *La gente es muy amable, aunque alguna vez no lo son si no hablas en catalán. Los taxistas son amables con los extranjeros. No son tan directos como los alemanes, son más corteses.* (Alemania)
- *La gente es abierta, cordial, alegre pero radical y drástica, menos elástica y diplomática que en mi país.* (Italia)
- *La gente me parece muy alegre y cariñosa .* (Italia)

c. El mundo laboral

- *En mi país está mejor organizado: el trabajador hace ocho horas al día y tiene un descanso de una hora (sin descontarle). En España hay lugares que se trabaja ocho horas con quince minutos para el café y después el empleado tiene que hacer horas extras para mantener el empleo. Parece la época del feudalismo.* (Brasil)
- *A los empleados les cuesta hablar claro con los jefes. Una idea más fuerte de la jerarquía, más formales. Se trabaja más.* (Inglaterra)
- *En Madrid la gente trabaja más lenta que en Barcelona, especialmente en los bancos, los supermercados, correos, etc. Todo el mundo tiene vacaciones el mes de agosto, eso es muy extraño para mí.* (Irlanda)
- *El trato con el jefe es menos formal. Faltan derechos y seguridad para los trabajadores. Los contratos son muy cortos y no se paga a mucha gente lo que debería, en Alemania esto es imposible.* (Alemania)
- *La gente no es amable en las tiendas. En los bancos siempre hay una cola muy larga y los empleados trabajan muy lentamente.* (Japón)
- *Trabajan mucho sin ganar mucho dinero y con dificultades para subir a un nivel más alto.* (Dinamarca)
- *Aquí el enchufe es muy importante. Me sorprendió que si quieres algo hecho rápido tienes que conocer a la prima de la hija de la mujer del hombre que trabaja en la empresa.* (Escocia)
- *La gente trabaja muy relajada. Hay otra filosofía del trabajo que es muy difícil entenderla para mí. Me sería muy difícil trabajar con los españoles. La relación entre jefe y subordinado en Japón es muy estricta, si el subordinado hace un error debe decir que lo siente profundamente. Aquí no se piden disculpas.* (Japón)
- *Creía que España era un país agrícola básicamente y ahora veo que tiene mucha industria y servicios.* (Italia)
- *El trabajo es demasiado precario, inestable.* (Italia)
- *La gente trabaja muchas más horas que en Alemania. La mayoría tiene más de un trabajo. Los contratos son muy cortos. Me costaba*

al principio entender que alguien estuviera contento con un contrato de un año. (Alemania)

d. Las relaciones sociales (amigos, compañeros de trabajo, conocidos...)

- *Me caen muy bien los españoles. Cuando tengo problemas o dudas la gente en seguida me ayuda.* (Irlanda)
- *La gente no entiende cuando quiero estar sola. Siempre hay que dar razones y explicaciones para irse de algún sitio.* (Alemania)
- *Las relaciones son muy abiertas entre amigos y conocidos. La gente es más independiente de lo que pensaba, salen con amigos sin sus parejas, chicas solas y chicos solos, no me lo imaginaba.* (Dinamarca)
- *La gente es muy simpática y amable. La familia es muy importante. Me sorprendió al principio ver que las parejas se besaban por la calle, ahora sé que es porque no salen de casa hasta que se casan.* (Escocia)
- *Me ha costado entender cómo funcionan las relaciones aquí. La manera de comunicarse es muy diferente. La gente habla mucho entre amigos y también desconocidos. Nosotros creemos que el silencio es mejor que la charla sin sentido. Esto me pone muy nerviosa en las fiestas, pues me siento obligada a hablar sin pausa y me canso.* (Japón)
- *Las relaciones sociales son más fáciles, abiertas, cordiales, no tan programadas.* (Italia)
- *Es más fácil conocer gente. Cuando te han presentado a alguien ya te tratan como si fueras un amigo o de la familia.* (Alemania)
- *En las relaciones sociales la gente es muy cariñosa.* (Italia)

e. Las personas del otro sexo

- *A los hombres les gusta 'cazar' mujeres, como en mi país, te miran de arriba abajo y te dicen cosas asquerosas. También hay los que son 'reyes' de la casa y no hacen nada para ayudar (hay pocos que sí). En mi país los hombres están más adelantados que aquí.* (Brasil)
- *En Madrid los hombres son muy simpáticos y generosos, siempre nos invitan a tomar una copa. En Barcelona no son tan generosos y hay muchos homosexuales .* (Irlanda)
- *Los hombres son más posesivos y celosos, pero también más cariñosos. Ahora creo que los hombres españoles no son tan 'macho' como yo pensaba antes.* (Alemania)
- *Los hombres son simpáticos pero nunca pasan la barrera si no lo quieres.* (Dinamarca)

- *Los hombres siempre decían cosas en la calle, creo que es porque soy rubia. No creo que aquí los hombres y las mujeres sean iguales, los hombres son muy machistas.* (Escocia)
- *Los hombres son muy atractivos y ligones.* (Japón)
- *Las relaciones con las mujeres aquí son menos complicadas. Casi nunca hay dobles sentidos.* (Italia)
- *Los hombres siempre quieren pagar. A veces el camarero no me deja pagar aunque insista. Los hombres siempre te dicen algo por la calle, (¿piropos, se dice?).* (Alemania)
- *Los hombres son románticos, tradicionales y piropean mucho.* (Italia)
- *Los hombres son muy cariñosos con las mujeres.* (Italia)

f. El horario

- *Como vivo en un pueblo aún se practica la siesta y esto es completamente nuevo para mí. También el horario de la cena, hay casas en las que se cena a las diez de la noche.* (Brasil)
- *Es muy diferente pero muy práctico, pues puedes ir a comprar después del trabajo. En Canarias cenaba a las doce, en Madrid a las diez y media y en Barcelona a las nueve. Los españoles cuando salen tienen mucha energía para beber y bailar toda la noche y nunca se cansan.* (Irlanda)
- *Las tiendas están abiertas hasta muy tarde y la gente cena muy tarde.* (Alemania)
- *Hay mucho tiempo libre al mediodía para comer, por la tarde se trabaja hasta muy tarde.* (Dinamarca)
- *Fue difícil acostumbrarme a los horarios, especialmente comer y cenar tan tarde. También que las tiendas estén cerradas al mediodía.* (Escocia)
- *No hay un horario fijo para nada.* (Japón)
- *Aquí se come más tarde, el día es más largo, te da la sensación de que eres dueño del tiempo.* (Italia)
- *Casi nunca se respetan los horarios.* (Italia)
- *Hay de todo, muchos son puntuales. La marcha empieza muy tarde, no puedes ir a bailar antes de la una. Para mí es increíble ir a un restaurante a las tres de la tarde y que esté lleno.* (Alemania)
- *Todo se hace tarde: ir al trabajo, comer, salir...* (Italia)

g. La comida

- *Se come mucho aquí. En el restaurante hay el primer plato, segundo plato... Aquí se come más pescado y cordero.* (Brasil)
- *Me encanta la comida española.* (Inglaterra)
- *Es muy extraño que una caña con tapas cueste menos que un café con leche o una Coca Cola. Hay un montón de pastelerías pero la gente está muy delgada en general. Su usa mucho aceite y en mi país los médicos dicen que no es bueno. La gente mayor se preocupa mucho de que comas y te ofrece comida todo el tiempo.* (Irlanda)
- *La gente desayuna muy poco y siempre toma comida caliente para cenar. Se come mucho fuera de casa, especialmente al mediodía.* (Alemania)
- *La comida es muy buena y sana. Hay mucha variedad, pero no tanta como en Dinamarca.* (Dinamarca)
- *Se come mucho pescado. Me gusta mucho la tortilla y el pan con tomate. Aquí la comida es más fresca y sana. En Escocia es más variada, más picante y más grasa.* (Escocia)
- *Es una de las mejores del mundo pero demasiado grasa.* (Japón)
- *Creía que la comida aquí era poco elaborada y monótona, pero es muy rica y variada.* (Italia)
- *Me gusta pero no para cada día, es demasiado condimentada.* (Italia)
- *No hay variedades de pan, con más cereales. No hay buenos müslis. En los restaurantes (incluso de categoría) te sirven de manera chapucera. En muchos lugares la comida está en la barra durante horas o al sol. La gente sale más a comer o a cenar.* (Alemania)
- *Buena, pero pesada y un poco grasa. Las tapas son muy buenas.* (Italia)
- *Buena y barata.* (Italia)

h. La bebida

- *Se bebe mucho vino a cualquier hora: comida, cena, pica-pica y otras bebidas alcohólicas (cava, chupitos...). Pienso que hay abuso.* (Brasil)
- *Me sorprende mucho que mucha gente beba y conduzca.* (Inglaterra)
- *Se toma mucho café, Cola Cao, cerveza y vino. Me extraña que el McDonalds en España tenga permiso para vender cerveza, ya que en otros países está prohibido pues hay niños.* (Irlanda)

— *Se toman muchos chupitos. La gente conduce después de haber bebido. El café es muy fuerte y se sirve a veces en vaso y no en taza. Se toma más coñac que en mi país. (Alemania)*

— *El vino es muy bueno. (Dinamarca)*

— *Me sorprende ver que la gente toma cerveza o vino con el desayuno. También me sorprendió ver que la gente no bebe mucho en los bares por la noche. En Escocia la gente sólo bebe para emborracharse, en cambio aquí la gente bebe cuando quiere y no tanto. (Escocia)*

— *Hay muy buenos vinos. (Japón)*

— *Me encanta la horchata. (Italia)*

— *El café es muy barato. Se puede pedir agua del grifo en cualquier bar. (Alemania)*

i. Quedar con alguien

— *Aquí veo que la gente llega siempre tarde. Quedas a las 21h y llegan a las 21.30h o a las 22h. (Brasil)*

— *En Barcelona la gente es más puntual. Los madrileños son los peores, llegan veinte o treinta minutos tarde. (Irlanda)*

— *La gente es más espontánea para quedar, no es necesario hacer planes días antes. Siempre se llega tarde a las citas. (Alemania)*

— *A veces la gente llega un poco tarde. (Dinamarca)*

— *La gente llega tarde a todas partes: al trabajo, a las citas, a las cenas, etc. (Escocia)*

— *La gente siempre llega tarde. (Japón)*

— *Mucho más sencillo que en Italia. Hay muchos lugares adonde ir. (Italia)*

— *Es muy normal y fácil. Los hombres invitan a salir a una chica sin que eso quiera decir nada más. Una chica puede proponer salir a un chico. Puedes quedar espontáneamente, sin hacer planes a largo plazo. (Alemania)*

j. El dinero (invitar, pagar, prestar...)

— *Siempre que salimos es porque un primo nos invita. En los primeros meses no nos dejaban pagar. (Brasil)*

— *En general los españoles gastan mucho. A las mujeres les gusta mucho ir de compras, gastan mucho en ropa, zapatos, maquillaje e ir a la peluquería. También hay gente muy aficionada a las máquinas tragaperras, me extraña que estas máquinas no estén prohibidas como lo están en muchos países. También hay mucha gente que gasta en la lotería. En Irlanda, cuando salimos, cada uno paga una ronda. Aquí uno lo paga todo en un bar y otro lo paga todo en otro. Aquí la gente va a muchos bares diferentes en una noche, nosotros nos quedamos en uno.* (Irlanda)

- *La familia donde vivía tenía muy poco dinero (un pariente vasco les mandaba cada mes dinero) pero íbamos cada día a tomar café en un bar, para mí esto era un lujo. Tampoco entendía que no fueran a las oficinas de asistencia del gobierno para pedir ayuda económica.* (Irlanda)
- *La gente se presta fácilmente dinero aunque no se conozca bien. Muchas veces no te dan recibos en las tiendas o por el alquiler.* (Alemania)
- *La gente invita mucho y presta fácilmente con la confianza de que le será devuelto.* (Dinamarca)
- *Aquí es lo mismo que en Escocia, pagamos la cuenta a partes iguales.* (Escocia)
- *Aquí el dinero está en segundo plano respecto a las relaciones sociales. En Italia se antepone a cualquier cosa.* (Italia)
- *No se da mucha propina. La gente paga rondas. También se comparten los gastos.* (Alemania)
- *Los hombres son generosos, ofrecen, invitan a beber.* (Italia)

k. La oferta cultural
- *La oferta cultural de Barcelona es enorme.* (Inglaterra)
- *Me encanta caminar por las calles de Barcelona y escuchar todo tipo de música, ver personas disfrazadas y la gente bailando la sardana.* (Irlanda)
- *Hay mucha oferta cultural y una gran tradición de música de Wagner en Barcelona.* (Alemania)
- *No hay muchas películas en versión original. La oferta cultural es enorme.* (Dinamarca)
- *Me sorprendió la cantidad de cines, especialmente en versión original.* (Escocia)
- *Muy, muy buena en Barcelona y Madrid.* (Italia)
- *Hay mucha oferta cultural, especialmente de música en agosto. El cine es bastante barato. Hay muchas fiestas por las calles. Las fiestas mayores de cada barrio son impresionantes.* (Alemania)
- *Buena, variada, muchas películas extranjeras en los cines.* (Italia)

I. La ciudad en general

- *Me siento más segura en Barcelona que en Londres.* (Inglaterra)
- *Me encantan las calles estrechas y misteriosas; los mercados con olor a pescado, verduras, frutas y flores. Me gusta mucho ver a los hombres jugar a un juego con pelotas de acero en los parques. El autobús y el metro funcionan muy bien. Me encanta la arquitectura de la ciudad. Hay demasiada policía y agentes de seguridad con armas, eso me molesta mucho.* (Irlanda)
- *Me sorprendió que todas las noches limpiaran las calles y plazas con agua en Barcelona.* (Alemania)
- *Los edificios están muy sucios y algunas calles también.* (Dinamarca)
- *Me gusta mucho la ciudad, es preciosa. Especialmente la parte nueva (la zona olímpica). Antes creía que España era un país antiguo y me sorprendió ver lo moderna que era la ciudad. Las calles están limpias y la gente está orgullosa de su ciudad.* (Escocia)
- *Hay más arquitectura moderna de lo que imaginaba.* (Italia)
- *Barcelona es una ciudad donde es fácil vivir, moverse y pasarlo bien.* (Italia)
- *Barcelona me encanta.* (Italia)
- *Bastante sucia en algunos barrios. Hay muchos taxis. La gente conduce muy rápido. Hay parkings donde dejas tu coche y un señor te lo aparca. Hay autobuses nocturnos. Hay pocas bicicletas. No separan la basura. Lo más positivo es que la vida transcurre fuera de casa, en la calle, en la playa, en los bares, restaurantes. Puedes tomar solo tranquilamente tu café en cualquier lugar.* (Alemania)
- *Llena de gente, tráfico, limpia.* (Italia)

II. Lugares para salir (bares, restaurante, terrazas, discotecas...)

- *En los bares y discotecas hay muchísimo ruido y humo.* (Inglaterra)
- *Hay muchos lugares para salir. Si los catalanes vivieran en Madrid y viceversa, Barcelona sería un paraíso.* (Irlanda)
- *Se sale mucho más y hay muchos lugares donde salir, están abiertos hasta muy tarde. Hay más gente por las calles por la noche. Es más común tomar drogas y no sólo porros, sino también pastillas, cocaína, tripis, etc.* (Alemania)
- *Los bares y restaurantes siempre están llenos de gente. La gente sale más.* (Dinamarca)

- *Me sorprendió ver la variedad y cantidad de lugares para salir. Los restaurantes son muy baratos, pero las bebidas en los bares por la noche son carísimas.* (Escocia)
- *Hay muchísima oferta.* (Italia)
- *Hay una cantidad de bares increíble y en cada uno puedes comer algo distinto. Se come comida más tradicional (ajo, pescado...). El camarero parece ser un amigo y la gente le habla de tú. La gente va a las discotecas aunque tengan cuarenta y cinco años o más.* (Alemania)
- *Mucha marcha, movida. Me gusta la costumbre de ir de tapas. Papeles y basura en el suelo de los bares.* (Italia)

m. Las instituciones/La burocracia

- *Conseguir el permiso de residencia fue un largo camino de lágrimas y sufrimientos.* (Inglaterra)
- *Tuve muchísimos problemas para conseguir una tarjeta para sacar dinero del cajero automático. Aunque España esté en la CEE y en teoría no haya problemas para trabajar, varias veces han entrado funcionarios del gobierno a inspeccionar mi empresa y me han pedido el permiso de residencia.* (Irlanda)
- *Los empleados no son muy cumplidores, muchas veces no están en su lugar de trabajo durante su horario (en las ventanillas).* (Alemania)
- *Antes pensaba que había corrupción pero ahora veo que está bastante organizado.* (Dinamarca)
- *Creo que es absurda la contradicción: hay que llevar el pasaporte a todas partes, hay agentes de seguridad en muchas partes, pero los niños beben cerveza y fuman por la calle y está lleno de ladrones por la ciudad.* (Escocia)
- *El sistema social es un caos. Pero, funciona, aunque no entiendo cómo.* (Japón)
- *Aquí la burocracia no es tan hostil. La administración pública funciona.* (Italia)
- *No he tenido problemas. En Italia la burocracia está fatal.* (Italia)

n. Los gestos

- *Los españoles usan más gestos y son más expresivos.* (Alemania)
- *Mueven mucho los brazos.* (Dinamarca)
- *Me sorprenden mucho los gestos: puedes saber lo que ha dicho alguien sin oír su voz.* (Escocia)

- *Muchos gestos, un poco exagerado.* (Japón)
- *Creía que los españoles hacían más gestos. Hacen muchos pero no tanto.* (Alemania)

ñ. Los sentidos
- *Antes, en Madrid, pensaba que los españoles eran como pulpos que siempre se adherían a mí y tenía la sensación de asfixia. Aquí en Barcelona la gente no toca tanto.* (Irlanda)
- *La gente se toca más cuando habla. La gente suele darse besos para saludar y despedirse.* (Alemania)
- *Me costó mucho acostumbrarme a que me tocaran mientras hablaban. En Escocia tienes tu propio espacio y nadie te toca.* (Escocia)
- *Aquí la gente te mira fijamente, en Escocia te pegarían si miraras así. Los hombres aquí llevan mucha colonia. En Escocia los hombres no llevan, en cambio las mujeres llevan allí demasiado perfume.* (Escocia)
- *Hay olores intensos y desagradables. Los colores son vivos, hay muchísimo amarillo.* (Italia)
- *Muchos malos olores (cocina, contaminación...).* (Italia)
- *La gente se toca más cuando habla y está a una distancia muy corta. Se dan dos besos entre mujeres y una mujer y un hombre, pero entre hombres se dan la mano. Huele a ajo en todas partes.* (Alemania)
- *Todo huele a ajo y cebolla.* (Italia)

o. Otros aspectos
- *Mucha gente tira los cigarrillos al suelo sin apagarlos, pienso que es muy peligroso.* (Irlanda)
- *Creo que las mujeres aquí son muy guapas y las envidio.* (Irlanda)
- *Los niños son más abiertos, más cariñosos y no se cortan tanto como en mi país.* (Irlanda)
- *España es como del tercer mundo cuando veo a los vendedores de tabaco por las calles.* (Irlanda)
- *La gente suele darse besos para saludar y despedirse.* (Alemania)
- *La gente todavía no se da cuenta de los problemas de la contaminación y de la destrucción ambiental.* (Alemania)
- *No hay ayudas para que los estudiantes puedan vivir fuera de casa de forma independiente. Aquí es mucho más difícil entrar en la universidad y conseguir una beca.* (Alemania)

– *Me sorprende negativamente la actitud hacia los toros y el toreo. Creo que hay muchísimos perros.* (Escocia)
– *Se fuma mucho y en los lugares públicos. Los alimentos llevan muchos conservantes y colorantes artificiales.* (Italia)
– *Las chicas tienen una voz más ronca. Se usa muchísimo la palabra 'hombre'. No hay controles en el metro ni en el autobús. Se puede comprar antibióticos sin receta. Se puede alquilar un piso sin hacer contrato. Se utilizan muchas palabrotas. La gente se habla en general como si se conociera de toda la vida, hay más complicidad. Los alemanes son más formales.* (Alemania)

5.2.1. Análisis y comentario de los datos

Es interesante observar que, aunque los informantes tienen características diferentes (nacionalidad, edad, etc.), hay algunos aspectos que se repiten:

a. La gente lleva colores poco vistosos (mucho negro).
b. La gente es abierta, alegre, amable y habladora.
c. La gente trabaja mucho y la situación laboral es mala.
d. Las relaciones sociales son fáciles y abiertas.
e. Los hombres son ligones, generosos, cariñosos y machistas.
f. Todo se hace tarde. La gente no es puntual.
g. La comida es buena pero grasa.
h. La gente conduce después de beber alcohol
i. La gente es espontánea para quedar, pero no es puntual.
j. Se invita y presta con facilidad.
k. La oferta cultural es amplia.
l. Barcelona es bonita, limpia o sucia (aquí no hay acuerdo).
ll. En Barcelona hay mucha oferta para salir y se sale mucho.
m. La burocracia no funciona o sí funciona (aquí no hay acuerdo).
n. La gente gesticula mucho.
ñ. La gente se toca cuando habla. Hay olores desagradables en la ciudad.

Generalmente, en las primeras impresiones se produce un rechazo o una aceptación de la diferencia. Los aspectos que producen una mayor **aceptación** son:

- **Contexto/Espacio/Tiempo**:
  - El carácter abierto, amable y alegre
  - La facilidad de las relaciones sociales
  - La relación con el dinero
  - Se sale mucho
- **Otros:**
  - La comida

Los aspectos que producen un mayor **rechazo** o dificultad de adaptación son:

- **Tiempo:**
  - El concepto del tiempo: no respetar los horarios establecidos
  - La burocracia (excepto para los italianos)
  - La situación laboral
  - La gente conduce después de beber alcohol
- **Espacio:**
  - La gente grita mucho
  - Los olores desagradables en la calle
  - La cercanía y el contacto físico
  - Los piropos
- **Contexto/Caudal de información:**
  - La gente habla demasiado (por parte de los japoneses)
- **Otros:**
  - La gente no viste bien (por parte de los italianos)

Vemos que muchos de los tópicos en relación a la "cultura española" se confirman en estas apreciaciones. Sin embargo, hay algunas respuestas que consideramos peculiares, precisamente por alejarse de ellos.

- **El color de la ropa**. La sorpresa de que la gente utilice colores oscuros podría deberse a la aparente "contradicción" que se observa por parte de los informantes de ser *alegre y abierto* –como observa la mayoría en el apartado de carácter– y usar colores que simbolizan tristeza, como el negro. Desde nuestro punto de vista, los españoles solemos relacionar los colores oscuros, además de con el luto, con la discreción y la formalidad. Este aspecto no se adapta, pues, a las ideas preconcebidas del contexto: ser alegre y abierto supone llevar colores alegres y vivos. En relación con este tema **G. Pérez** (1998) comenta que *el negro es uno de los colores preferidos por los consumidores españoles a la hora de comprar* *ropa. El negro cuenta con una tradición de siglos y es una de las grandes aportaciones españolas a la moda occidental, un "invento" español. Desde mediados del siglo XV, vestir a la manera de la monarquía española se convirtió en todo un símbolo de distinción entre el resto de las cortes europeas y la moda española de entonces marcaba unas pautas muy claras. La monocromía en el vestido mandaba, y especialmente el negro. Se convirtió en el símbolo de la monarquía española, y después lo adoptó la nobleza europea. La corte española imponía la sobriedad, con formas estrechas y muy rígidas.*

- **La situación laboral**. A los informantes les choca observar que muchas personas trabajen tantas horas, más de las establecidas por contrato, y en una situación laboral precaria. Creemos que aquí, de nuevo, se rompe un tópico tan extendido de que todos los españoles *duermen la siesta y trabajan poco*.

- **Las relaciones sociales**. A algunos informantes (la mayoría mujeres) les sorprende que sea tan fácil y abierta la relación con las personas del otro sexo, ya que creían que eran más *machistas*. Consideramos que, nuevamente, tenemos una apreciación que se distancia del tópico del machismo, en la que el hombre ejerce una posición de poder y basa sus relaciones con la mujer únicamente en el sexo.

5.3. MALENTENDIDOS

El problema básico de la comunicación intercultural es que los significados están relacionados con la cultura. Palabras, expresiones, actividades, actitudes, instituciones, gestos se interpretan de forma diferente y son sólo similares en la superficie. Los hablantes de una lengua no siempre son conscientes de esta relación cultural. Por tanto, es fácil encontrarse en situaciones en las que se producen malentendidos.

El contraste de lengua y cultura muestra un número infinito de diferencias. Podríamos establecer los siguientes niveles, por su frecuencia, como causa de malentendidos en la comunicación directa intercultural:

- **Léxico**. Incluye los significados específicos que adquieren ciertas palabras aparentemente similares en las diversas lenguas, pero cuyo contenido semántico revela una clara influencia cultural. **Ejemplo n.º 12**

- **Actos de habla**. La diferencia en el uso de unos mismos actos de habla. Esta suele ser la causa de la mayoría de los malentendidos. A menudo, es difícil averiguar cuál es la intención de lo que se dice. **Ejemplo n.º 18**
- **Temas**. Diferencia en los temas de conversación en situaciones estándar, restricciones o matices específicos de ciertas culturas. **Ejemplos n.º 5, 21 y 24**
- **Registro**. Diversos tratamientos, teniendo en cuenta la situación, la edad, el status, el sexo, la cortesía, etc. **Ejemplo n.º 6**
- **Dominio no verbal**. Expresiones faciales, gestos, contacto visual. **Ejemplos n.º 14 y 28**
- **Estilo comunicativo**. Realización directa o indirecta de los actos de habla, grado de explicitación del discurso, turnos de habla, discurso simultáneo. **Ejemplo n.º 25**
- **Valores, actitudes y rituales o acciones específicas de la cultura**: Contexto : **ejemplos n.º 1, 2, 4, 5, 8, 10, 12, 17, 19, 20, 22, 23, 25, 26, 27, 29**
  Espacio : **ejemplos n.º 3, 7, 9, 13, 14**
  Tiempo : **ejemplos n.º 11, 15, 16**

El hecho de situar los ejemplos en uno de los niveles o aspectos no significa necesariamente que la causa del malentendido se limite a este *fallo,* aunque sí hemos considerado que era el aspecto que tenía más relevancia. En el análisis detallamos los diversos aspectos que han influido en la dificultad de comunicación de cada historia.

En el apartado 5.3.2 aparecen las pequeñas historias de malentendidos recogidas por medio de los diversos métodos que hemos descrito en el apartado 5.1 y su interpretación correspondiente.

5.3.1. Clasificación temática

Los datos recogidos seguían unas pautas de clasificación que se habían facilitado a los informantes (ver anexo 1: pregunta 10 del cuestionario). Ellos mismos decidieron dónde situar las historias, valorando, por tanto, cuál era el aspecto cultural divergente que había causado el malentendido.

Las siguientes columnas muestran esta clasificación:

EL ASPECTO EXTERIOR
- n.º 1. ¿Un pijo?
- n.º 2. La falda

EL CARÁCTER
- n.º 3. Los piropos que no eran
- n.º 4. La hermana
- n.º 5. La canastilla
- n.º 6. El periódico y los modales
- n.º 7. Ahora te toca a ti
- n.º 8. Honestidad

EL MUNDO LABORAL
- n.º 9. ¿Qué hace esta mujer aquí?
- n.º 10. Incluso en sábado

LAS RELACIONES SOCIALES
- n.º 11. Nochebuena
- n.º 12. ¡Qué cara!
- n.º 13. Las flores de la discordia
- n.º 14. El abrazo

EL HORARIO
- n.º 15. Como perro en día de mudanza
- n.º 16. Las gallinas cenan temprano

LA COMIDA
- n.º 17. El plato de cocido
- n.º 18. El *sandwich*
- n.º 19. ¡Qué hambre!
- n.º 20. La sepia
- n.º 21. El aceite
- n.º 22. ¿Invitación?

LA BEBIDA
- n.º 23. La copa de vino
- n.º 24. El Nescafé

EL DINERO
- n.º 25. El teléfono

LUGARES PARA SALIR
- n.º 26. Los huesos de aceituna

LAS INSTITUCIONES
- n.º 27. ¡Cuidado, la policía!

LOS GESTOS
- n.º 28. No vengas

OTROS
- n.º 29. Barro en la frente

5.3.2. PRESENTACIÓN DE LOS DATOS Y ANÁLISIS

En este apartado presentaremos primero la historia y a continuación se interpretará cada malentendido según la *descripción densa* de **Geertz**, comentando los que consideramos fallos de comunicación y sugiriendo formas para haberlos evitado.

5.3.2.a Léxico.
n.º 12. ¡Qué cara!

El novio de nuestra amiga (ambos españoles) consiguió trabajo y para celebrar esta buena noticia les propuse hacer una fiesta juntos.

Los japoneses normalmente hacen la vida social fuera de casa, porque las casas son muy pequeñas para caber mucha gente. Si celebramos algo lo hacemos en un restaurante. Si invitamos a alguien en casa es una comida informal con un grupo pequeñito.

Por eso, en principio quería hacer una cena con mi novio, la amiga y su novio, un par de personas más y yo. Pero cuando pre-

gunté: '¿Cuántos amigos vendrán?', me dijo: 'Pocos, sólo 32 personas'. No podía creerlo. Pero como lo había prometido, hicimos la fiesta en mi casa con 32 personas y fui yo la que preparó toda la comida, pues nuestra amiga no sabe cocinar. ¡Qué cara! No entendí qué significaba en este país una fiesta y qué quería decir una cena. Después nunca más he propuesto hacer algo así y dejé de ser su amiga. **Japón/F**

Creemos que aquí el factor principal del malentendido se encuentra en la diferencia de significado de la palabra *fiesta,* como ya señala la informante al final de la historia. El concepto de *fiesta* para ella significaba: pocas personas y una comida informal, pero no lo explicitó, pues supuso que para sus amigos significaba lo mismo. Los amigos consideraron que se trataba de una *fiesta* como ellos la concebían: con muchas personas y comida para todos. Una vez la informante se dio cuenta del malentendido, tenía dos opciones: dar cuenta de su error de concepción de la palabra y romper el compromiso explicando los motivos (no era su intención celebrar una *fiesta a la española* por falta de espacio y por el trabajo que suponía preparar la comida) o seguir con el compromiso sin desearlo. Por su forma de ver las cosas, se sintió obligada a completar la *cadena de acción*, aunque esto significara quizás romper con una relación de amistad.

Consideramos que para evitar este malentendido, los interlocutores tendrían que haber comprobado si estaban hablando de un mismo concepto, es decir, deberían haber explicitado el significado de la palabra. Aquí, más que de una diferencia cultural se trata de falta de habilidad en interpretar la situación como la expresión de un sistema de significados diferente y de falta de habilidad para ser capaz de manejar la situación favorablemente al descubrirse el malentendido.

5.3.2.b. Actos de habla
n.º 18. El *sandwich*

Soy escocés y la primera vez que visité España, en el año 1967, llegué a Irún después de 12 horas en un tren procedente de París. Cuando subí al tren español una señorita me ofreció un sandwich. No entendía español y tenía hambre, así que lo acepté gustosamente.

Diez años más tarde había aprendido a hablar español y estaba sentado en la sala de espera de un consultorio médico cuando de repente una mujer entró con un bocadillo en la mano y dijo:

¿Gusta?'. Evidentemente, nadie aceptó la oferta. En aquel momento entendí que aquella señorita del tren diez años atrás me había dicho por pura cortesía: '¿Gusta?. **Escocia/M**

La forma *¿gusta?* es un acto de habla que se emplea como forma de cortesía cuando se va a comer o se está comiendo en público, acompañada de un gesto de acercamiento de la comida hacia el interlocutor. La respuesta habitual a esta fórmula es *no, gracias, ¡que aproveche!*. El informante interpretó la forma como un acto de habla de ofrecimiento y aceptó, ya que, para él, era una reacción lógica a una oferta tan amable. El informante no reconoció, pues, que, a pesar de que aparentemente era una oferta –el gesto, el verbo *gustar*– solamente se trataba de un ritual de cortesía.

5.3.2.c. Temas

Aquí nos encontramos con tres ejemplos de malentendidos basados en el desconocimiento de la importancia que tienen algunos temas en nuestra cultura y, por tanto, la actitud de las personas en relación con ellos tiene una lógica contextual determinada.

n.º 5. La canastilla

Soy inglesa y vivo en España con mi marido, que es escocés, y mis dos hijos, ambos nacidos en España. Cuando estaba embarazada del primero, y ya en el último mes, lo preparé todo para ir al hospital. Cogí una bolsa (la primera que encontré, una de El Corte Inglés) y metí la ropa y las cremas para el bebé. Nunca antes había estado en un hospital en España. El parto fue muy bien y, cuando llegó la primera visita de nuestros mejores amigos españoles a la habitación, me regalaron una 'canastilla', algo que nunca había visto ni de lo que había oído hablar. Me dijeron que era para poner las cosas del bebé. La sorpresa fue que, de las siguientes visitas de amigos españoles, recibí... ¡¡3 canastillas más!! No comprendía la importancia de ese 'utensilio' en España hasta que pude levantarme y una amiga me acompañó a la sala donde están todos los bebés y que toda la gente puede verlos a través del cristal. Allí estaban todos los bebés con su bonita canastilla junto a la cuna y mi pequeño George con una bolsa de plástico de El Corte Inglés. Entonces sentí un poco de vergüenza y comprendí por qué todos me habían regalado canastillas. Con mi segundo hijo no tuve este 'problema'. **Inglaterra/F**

En esta situación realmente incómoda para la informante, vemos que no se trata simplemente del desconocimiento de un utensilio: la canastilla, sino de lo que implica y refleja en sí mismo. En nuestra cultura se da mucha importancia al aspecto físico, a la apariencia externa, especialmente en los bebés y los niños. La imagen que se tiene del adulto a menudo se recoge por la forma en que cuida, viste o trata a sus hijos. Aspectos que suelen comentarse como sorprendentes de la cultura española –la informante los cita en el cuestionario– son: los bebés y los niños llevan colonia, van siempre muy bien peinados, muy limpios. La informante en dicha situación todavía desconocía estos aspectos socioculturales y se guió por su lógica contextual. El resultado fue que dio una imagen de sí misma que de ninguna forma pretendía y tuvo que dar muchas explicaciones para justificar *su actitud*.

n.º 21. El aceite

> *Cuando estaba en Gran Canaria en casa de mi amiga, su madre estaba siempre muy preocupada por mí, sobre todo por la comida, decía que comía poco y cada dos horas me daba pasteles, fruta, de todo. Al tercer día en la casa vomité después del almuerzo. Con mucha vergüenza les expliqué que la comida española tenía demasiado aceite para mí y que las salchichas, el chorizo, el salami, las aceitunas no me gustaban nada. También les dije que el pan sin mantequilla era como un coche sin gasolina, demasiado seco, muy difícil de digerir. Después de mi 'confesión' su madre estaba menos simpática y me daba poca comida. Veo que no se puede criticar la comida española.* **Irlanda/F**

Aquí nos encontramos en una situación en la que el desconocimiento del contexto y probablemente un estilo comunicativo deficiente hayan contribuido a este malentendido. Hablar *mal* de la comida, especialmente ante alguien que la considera tan importante –como refleja la historia–, sin tener mucho tacto –estilo comunicativo– es aventurarse a que el simple comentario ocurrente sin mala intención –*el pan sin mantequilla es como un coche sin gasolina*– se interprete como una crítica, una falta de respeto ante alguien que se preocupa de que la informante esté bien alimentada y, por tanto, se sienta a gusto y querida en la familia.

Pensamos que en nuestra cultura se suele ser bastante chovinista en relación con este tema y que hay que ir con mucho cuidado a la hora de lanzar mensajes críticos, ya que rápidamente se hieren susceptibilidades.

Quizás el problema de la situación fue el hecho de que la informante aceptara al principio todo lo que la mujer le ofrecía –seguramente con insistencia–. Ante esta actitud positiva –si la informante se negó pero no insistió en su negativa, la mujer lo consideraría una negativa de cortesía–, la mujer pensó que hacía lo correcto y que su inquilina estaba a gusto; por tanto, se sorprendió y molestó posteriormente ante su *confesión* .

Para evitar el malentendido, la informante tendría que haber insistido en su negativa inicialmente explicitando los motivos, aunque de forma delicada. Para ello requería un dominio del contexto –la importancia de la comida en España– y de los actos de habla y del estilo comunicativo –la importancia de la repetición y de la insistencia en la explicitación del discurso– que seguramente no había adquirido.

n.º 24. El Nescafé

> *Una noche invitamos a cenar a casa, en Barcelona, a unos amigos españoles. Después de cenar les ofrecimos una taza de café. Aceptaron, pero cuando les dijimos que era Nescafé no quisieron tomarlo. Fue muy incómodo tanto para nosotros como para ellos. En Escocia es normal tomar Nescafé.* **Escocia/F**

Aquí nos encontramos de nuevo ante un tema que es especialmente delicado para las personas con un contexto diferente. Al igual que la comida, la bebida y el café tienen una gran importancia en nuestra cultura, más que en otras. Muchas personas consideran que, con una buena comida –como suelen ofrecerte en una invitación formal–, debe haber un buen vino y un buen café. Estos aspectos del contexto eran seguramente desconocidos por parte de la informante. En realidad, esta misma situación entre personas de una misma cultura no hubiera producido seguramente tal incomodidad, como sucedió aquí. Los invitados, como amigos de la pareja que se consideraban, creyeron que podían –sin ningún problema– decidir no tomar el café, actitud que –para ellos– reflejaba naturalidad, acercamiento, reducción del espacio, confianza. Para la informante y su compañero fue una actitud inesperada ante la que no supieron qué pensar ni reaccionar, y este desconcierto se contagió a los amigos.

En este caso con un mayor conocimiento del contexto –de la importancia de *un buen café, un café-café*– y de reconocimiento de estrategias de reducción de la distancia se hubiera evitado el mal rato que pasaron.

5.3.2.d. Registro
n.º 6. El periódico y los modales

> Soy italiano y llevo un año viviendo en Barcelona. En general la gente me parecía amable, excepto la señora del quiosco donde todas las mañanas voy a comprar el periódico. Es una señora mayor que no conozco, así que le hablo siempre de usted. Ella siempre me habla de tú y me parecía de mala educación, de poco respeto y me hacía sentir muy mal. Hasta que supe que era normal en España tutear a una persona más joven y que incluso la rejuvenece, al contrario de si me hablara de usted. En Italia sería imposible una situación parecida. Allí si no conoces a alguien, siempre tienes que hablarle de usted. **Italia/M**

En esta historia la fuente del malentendido fue la falta de conocimiento del contexto para reconocer el registro, al considerar el trato que recibía por parte de la señora mayor de *informal*, pues para el informante no correspondía a la situación. El informante se sentía incómodo y tratado de forma inadecuada, con desprecio, según sus ideas de cómo hay que tratar a la gente que no conoces. La señora tenía la intención de reducir la distancia –para ella, se trataba, al fin y al cabo, de una persona *conocida,* pues iba a diario a comprar en el quiosco– y de ser amable –se dirigía a una persona más joven y no pretendía *envejecerla* tratándola de usted–. En este caso, esta incomodidad por la diferencia espacial en el uso de la distancia en un contexto determinado, se podría haber remediado observando el trato que dispensaba la misma persona a otros clientes del quiosco y así comprobar si esta *informalidad*, esta reducción de la distancia se trataba de un *trato especial hacia él* o de una *norma de uso* en nuestra cultura.

5.3.2.e. Dominio no verbal
n.º 14. El abrazo

> Estaba con un amigo francés asistiendo a una conferencia en Estados Unidos cuando vimos llegar a un mexicano que había trabajado con nosotros en Francia. Muy efusivamente se acercó a nosotros y nos dio un abrazo a cada uno. Después de hablar un momento y al volver a estar a solas con el francés, éste me preguntó extrañado: ¿Es común que ustedes se abracen de esta manera?'. **Méjico/M**

Tenemos aquí una situación en la que intervienen tres personas: dos pertenecientes a la misma cultura que se abrazan como forma de saludo y una tercera de otra cultura que observa este gesto y al considerarlo fuera de lugar, pide una explicación. Gracias a esta última acción, el suceso no se convierte en un malentendido real, ya que se explicita el significado del signo. El hecho de que se considere extraña esta actuación tiene claramente que ver con la diferencia de normativa espacial: para el informante y su amigo mexicano la distancia empleada es personal; para la persona que hace la observación (de nacionalidad francesa) se trata de una distancia íntima. El hecho de que pregunte a su amigo si esta actitud entre ellos es *normal* le aclara el tipo de distancia que han empleado y evita un malentendido.

n.º 28. No vengas

Recuerdo que durante mis días estudiantiles me encontraba en Bogotá para un semestre en la Uniandes. A los pocos días trabé amistad con un muchacho caleño de primer año al que le interesaba mucho la música roquera de los EE.UU. Solíamos pasar horas en la cafetería disfrutando un rico cafecito y conversábamos sobre todos los temas habidos y por haber.

Un día, me avisó que no iba a pasar por la cafetería para almorzar, que tenía cita con el odontólogo, entonces que no lo esperara yo. Hasta ahí no había problema... hasta que por la hora de costumbre lo divisé al pie de la gran cuesta sobre la cual está situada la universidad. Grité para abajo para llamarle la atención. Él me escuchó, se volteó y me hizo seña con la palma de la mano hacia su persona. Según mi cultura norteamericana interpreté mal dichas señas, por ende bajé corriendo para platicar con él, mas para mi gran sorpresa, al llegar yo ya se había marchado.

Está de más decir que me embromé sobremanera y al día siguiente todavía estaba con bronca cuando nos vimos. Fue entonces, tras su explicación, que supe que suele ser al revés este gesto en las dos culturas, que lo que en la una se entiende por 'ven aquí' la otra lo tiene por 'chau' y viceversa. **Estados Unidos/M**

Esta historia nos presenta un malentendido a causa de la no comprensión de un signo gestual: lo que para uno significaba "ven", para el otro quería decir "adiós". Debido a la distancia física en que se encontraban las dos personas cuando sucedió, no pudieron tenerse en cuenta otros factores que seguramente hubieran apoyado el significado del gesto y, por tanto, hubieran facilitado la comprensión como, por ejemplo, la expresión oral o facial.

5.3.2.f. Estilo comunicativo
n.º 25. El teléfono

> *En Barcelona compartía un piso con una chica que era también la dueña. Tenía que pagar sólo la habitación, pues los gastos ya estaban incluidos. A finales de julio decidí quedarme un mes más y además del gasto por la habitación añadí a la cuenta parte del gasto por el uso del teléfono. Para mi sorpresa, ella reaccionó diciendo que no era una 'pobre desamparada'. Yo sólo quería ser preciso para no crear problemas y porque en Italia los gastos del teléfono no están incluidos en los de la habitación, pero ella se lo tomó muy mal.* **Italia/M**

Este suceso parece, a primera vista, bastante insólito. El informante considera que, aunque la dueña no lo haya dicho, debe abonar los gastos de teléfono aparte del gasto de la habitación. Su intención es pagar por, exactamente, lo que ha *consumido*, ya que lo considera justo e, imagino, con la intención de evitar posibles problemas posteriores. La dueña había establecido que todos los gastos estaban incluidos en el precio, también el teléfono. Ella se molestó ante el ofrecimiento de lo que, posiblemente, consideró una *propina*. Creemos que el informante no dominaba suficientemente el estilo comunicativo: debía justificar de alguna forma el realizar un acto inesperado –no era de esperar que pagara aparte los gastos del teléfono– para no dar pie a que la otra persona especulara con sus intenciones y llegara a falsas conclusiones, como en realidad ocurrió. Seguramente el malentendido podría haberse evitado si el informante hubiera explicado la razón por la cual consideraba que debía abonar esta cantidad, diciendo que lo hacía porque lo consideraba justo. Al dar el dinero sin más, la dueña dedujo que él la veía como una persona *pobre y desamparada,* y eso le molestó.

Podríamos comparar la situación con otras parecidas en las que una persona actúa de forma inesperada sin dar explicación de sus actos, por lo que el otro tiende a especular, a buscar justificaciones de un comportamiento que no entiende. Supongamos que A invita a B a comer al restaurante. A la hora de pagar, aun sabiendo que quien invita es A, B dice *yo pago* sin dar más explicaciones. A no aceptará, insistirá en pagar ya que ha sido él quien ha invitado o pedirá explicaciones por la actitud de B. Si B no da ningún tipo de explicación, A se sentirá incómodo, pues la cadena de acción no funcionó como era de esperar y, por tanto, especulará: *quizás piense que voy mal de dinero, quizás pagué yo la última vez, quizás quiera intentar ligar conmigo*, etc.

Consideramos que aquí se rompió una cadena de acción, lo cual sólo es aceptado si se justifica de alguna manera, y aquí no ocurrió.

5.3.2.g. Valores, acciones y actitudes específicas de la cultura CONTEXTO
a. Incompetencia en contexto interiorizado / incompetencia en contexto situacional

Los ejemplos siguientes muestran las consecuencias de un desconocimiento total de ciertos aspectos del contexto (interiorizado y situacional) de la nueva cultura y, por consiguiente, la aplicación de la lógica de un contexto cultural a otro.

Aspecto exterior

En las tres anécdotas vemos que la causa del malentendido se debe a la aplicación o proyección de la *lógica del vestir* de un contexto cultural a otro.

n.º 1. ¿Un pijo?

Llegué a Barcelona sin conocer a nadie. Durante mi estancia frecuentaba bares y discotecas de ambiente gay casi todas las noches. El ambiente gay ha sido siempre especial por lo que se refiere a las relaciones personales, lo que importa cuando dos se conocen es siempre el aspecto exterior. En Italia en este ambiente es muy importante ir bien arreglado.

En España me decían que mi manera de vestir es 'maja' y esto resultó ser para mí un problema porque cada vez que iba a esos locales solo, sin conocer a nadie, era para mí bastante difícil hablar o conocer a alguien. Pensaban que era un pijo.

Entonces pensé que sólo cambiando mi manera de vestir podría conocer a alguien. Y así fue, porque el día que me cambié la ropa conocía a un chico que antes sólo me miraba y no se acercaba a mí porque pensaba que era un esnob (eso no es lo que yo pienso, sino lo que me dijo). **Italia/M**

En esta primera historia el informante se vestía como hacía en su país en un ambiente determinado, es decir, iba muy arreglado con la intención de causar una buena impresión y conocer a alguien. Por *lógica* –su lógica– supuso que actuaba también según las normas de nuestro país, pero no acababa de entender por qué nadie se le acercaba, no habían interpretado su intención. Por suerte, alguien de confianza le explicó la razón –su forma de vestir– y, así, se dio cuenta de que su lógica no coincidía con la de aquí. Con este conocimiento contextual adquirido cambió su forma de vestir y consiguió su objetivo: conocer a alguien.

n.º 2. La falda

Al principio de vivir en Alemania llevaba a menudo falda, como solía hacer en España. Me fijaba que la gente me miraba mal, me trataba como si fuera estúpida y esto me hacía sentir muy mal. Luego me he ido dando cuenta de que las alemanas no suelen llevarla, así que si no quiero parecer estúpida a sus ojos, deberé dejar de ponérmela. **España/F**

En esta historia, al contrario de la anterior, la informante no persigue ningún objetivo concreto al vestirse con una falda; no hay, pues, intención, pero la adquiere. En este caso, la lógica del contexto alemán era diferente de la suya y adquiría una imagen que ella no tenía la intención de dar. Nadie le aclaró este punto, pero la propia experiencia de observación y de pasar por multitud de situaciones incómodas la *obligaron* a cambiar de forma de vestir para evitar dar una imagen de sí misma que no quería.

n.º 10. Incluso en sábado

Soy directivo de una empresa situada en España con capital americano. Soy el único extranjero en la empresa; creo que ya están todos un poco acostumbrados a mis "rarezas". Pero lo que me pasó una vez fue muy embarazoso para mí.

Un sábado tenía una reunión en la empresa. Como era sábado, pensé que lo más lógico era ir un poco informal; además, la mayoría de mis colegas son jóvenes. Fui a la reunión sin traje ni corbata. Mi intención era no hacer el ridículo yendo demasiado formal a una reunión que se celebraba un día no laborable, como hacemos en los EE.UU. Fue grande mi sorpresa cuando vi que todos, absolutamente todos (excepto yo), iban con traje y corbata. No quería hacer el ridículo y lo hice. **Estados Unidos/M**

En este tercer relato, el informante se encontró en una situación especialmente incómoda por su posición que suponía la necesidad de mantener una distancia de poder importante. Su desconocimiento del contexto situacional –una reunión de trabajo es una reunión de trabajo se celebre en día laborable o no, de manera que hay que vestir con formalidad, especialmente si asiste *el gran jefe*– hizo que diera una imagen de sí mismo que él no quería. Su actitud pudo reflejar ante los asistentes cierta informalidad, una intención de reducir la distancia de poder, algo que el informante no pretendía, pero que facilitó al no dar ningún tipo de explicación por su forma de vestir –seguramente consideró que por su posición no era necesario justificarla–. Probablemente, aquí, en vista de que no había posibilidad de evitar el malentendido, la mejor forma de salir airoso de la situación y no dar una imagen que no se pretendía hubiera sido justificando, explicando con algún comentario la diferencia de concepto en su cultura.

La comida y la bebida: n.º 17. El plato de cocido. n.º 19. ¡Qué hambre! n.º 20. La sepia. Y n.º 23. La copa de vino

Estas cuatro historias reflejan el desconocimiento del significado contextual de ciertos *rituales* relacionados con la comida.

En Alemania es de muy mala educación dejarse algo en el plato cuando te invitan a comer a una casa, en tanto que en España a nadie se le ocurriría rebañar el plato. Yo lo aprendí así (a través de un par de experiencias propias, donde quedé como maleducada, sin saberlo) y así lo practiqué durante mis primeros años de estancia en aquel país.

Mi novio alemán no lo sabía. La primera vez que vino de visita a casa de mis padres, se tuvo que enfrentar a un inmenso plato de cocido que mi madre le sirvió. Él se lo comió todo, hasta el último garbanzo. Mi madre, sorprendida y encantada de tener a la mesa un invitado con tan buen "saque", se apresuró a llenarle el plato de nuevo. Yo estaba conversando con mi cuñada, pero me percaté de los agobios de mi novio por terminarse "convenientemente" aquel segundo plato de cocido. Lo terminó, haciendo gala de la mejor educación alemana....y mi madre se apresuró a servirle un tercero, temiendo que su futuro yerno se quedase con hambre. Él me miró con absoluta desesperación, pensando que querían poner a prueba su buena educación. Cuando le dije que podía, e incluso debía, dejar un resto en el plato, se sorprendió ante tan derrochadora costumbre española. **Alemania/M**

. En Francia comen el queso después del postre. En mi casa en Argentina se sirve antes de la comida, como una 'picada', como nosotros lo llamamos. Cuando fuimos a París a negociar habíamos estado todo el día sin comer nada y teníamos muchísima hambre. Nos hacen entrar en una gran sala donde se serviría la comida y nos traen champagne para beber. En un extremo bien alejado de la habitación había una mesa con quesos y nosotros fuimos ingeniándonos para desplazarnos hacia ese lugar y "picar" algo mientras esperábamos la comida. ¡Nos comimos el queso! Hasta el día de hoy recuerdo la desesperación del chef y nuestras explicaciones acerca de las costumbres locales. **Argentina/F**

En los dos primeros casos la situación es particularmente peculiar, ya que los rituales existen en ambas culturas –los informantes se sienten, pues, *seguros* ante algo conocido–, pero los significados son totalmente opuestos. Por un lado, dejar algo en el plato supone una falta de educación en una cultura y al mismo tiempo un requisito importante en la otra para mostrar sus buenas maneras. Por otro lado, el queso se toma en una cultura como aperitivo antes de la comida y, en otra, como postre. Al tener el mismo concepto dimensiones tan opuestas, la imagen que se crea del otro es radicalmente negativa. Hay que matizar que la situación concreta de la historia del cocido se desvía un poco del significado general de la acción de rebañar el plato: la madre se sentía encantada de que a su futuro yerno *le entusiasmara* su cocina y no lo consideraba una muestra de mala educación. De todas formas, en ambas situaciones la intención fue malinterpretada.

Fui a comer con tres amigos españoles y como era tarde, o más tarde de lo que estaba acostumbrada, tenía mucha hambre. Cuando uno de los amigos iba a coger mi sepia, pensaba que quería probarla, pero cogió casi la mitad de mi plato de sepia a la plancha con su tenedor. Me quedé muy sorprendida.

El amigo me dijo que no entendía por qué yo no lo dejaba comer y que no me dejaría tampoco comer de su plato. Estaba bromeando conmigo. Después vi que todos compartían todos los platos que iban trayendo, de carne, patatas, ensalada, etc. **Dinamarca/F**

Viajando por Francia, me invitó a su casa un muchacho que había conocido en un café. Mientras charlábamos, me sirven una copa de vino. Agradezco, pongo la copa sobre una mesa y ahí la dejo. Todos dejan sus copas sobre la mesa. No le hago caso. Después de unos minutos, tomo mi copa y me tomo un trago. Inmediatamente, todos se precipitan sobre sus copas. Entonces comprendí que para ellos hubiera sido descortés tomar antes del huésped.

Supongo que ellos encontraron algo descortés o presumido que yo no tomara antes. Aquí no somos tan formales con esas cosas; el huésped toma cuando le da la gana y el que invita también. **Canadá/M**

En las dos últimas historias hablamos de un ritual que no existe en la otra cultura –ir de tapas y comer todos al mismo tiempo de todos los platos; esperar que el invitado beba primero– y, por tanto, los informantes se encuentran ante algo desconocido sin saber cómo actuar. Deciden proyectar su lógica contextual, pero no funciona y dan una imagen que no pretendían. Ante el evidente desconocimiento y la actitud de sorpresa de la primera informante, los acompañantes se dieron cuenta inmediatamente y le explicaron el significado del ritual. Al no tener un contexto interiorizado en relación al ritual, posiblemente en estos casos es más fácil adaptarse a esa nueva situación que en los dos ejemplos anteriores, donde sí se tenían interiorizados los contextos, aunque de forma opuesta.

Otros
n.º 8. Honestidad

Era mi primer día de clases en la Universidad de Nijmegen, Holanda. Antes de ir a clase fui a tomar un café al bar de la facultad. Se trataba de un self-service y en la caja no había nadie. Vi que sobre la mesita que había al lado de la caja había algunas monedas y creí que algún "tonto" las había dejado allí; pues ¿quién iba a pagar el café si no había nadie en la caja? Así que cogí un vaso de papel, me serví el café y me senté tranquilamente a una de las mesas del bar, creyendo, sin dudar lo más mínimo, que todos hacían lo mismo. Una vez sentada y tomándome el café me di cuenta de que todas las personas que cogían su café iban dejando el dinero sobre la mesa, o dejaban la moneda y cogían el cambio correspondiente. Me ruboricé, no sabía hacia dónde mirar, quería desaparecer, especialmente cuando vi de reojo que algunas personas me estaban observando y hablando de mí.

> *Mi primer día en la Universidad, queriendo dar buena imagen, no queriendo hacer el ridículo (en cualquier universidad española quien hubiera dejado el dinero lo habría hecho) y di una imagen de mí misma bastante patética, a ojos de los holandeses.* **España/F**

En este ejemplo se proyecta claramente la lógica de un contexto interiorizado y situacional de una cultura a la otra. La informante consideró que, dado que en su cultura había varios patrones que regían actitudes más o menos honestas, dependiendo de la situación, tenía que ocurrir lo mismo en la nueva cultura. La informante intentó adaptarse a la lógica de una situación concreta, la lógica de la situación en su cultura. La situación incluía unas personas concretas: los estudiantes, y un espacio determinado: la Universidad. En consecuencia, dedujo que, al coincidir ambos factores, la lógica del contexto sería la misma. En este caso, al no coincidir en absoluto la lógica de ambos contextos, la imagen que dio la informante fue totalmente opuesta a la que quería dar: intentaba pasar inadvertida, como una estudiante más, comportándose tal como pensaba que debía y pasó por alguien diferente, que actuaba de forma extraña. Creemos que aquí la única forma de evitar el malentendido hubiera sido no dar tan por supuesto el conocimiento del contexto situacional y observar antes la actitud de las personas en situación parecida. La realidad fue que la honestidad se representaba en un ritual generalizado en la nueva cultura y no situacional como ocurría en la de la informante.

n.º 26. Los huesos de aceituna

> *Fui a un bar a Madrid con unos amigos españoles. Tomábamos unas cervezas con aceitunas. Mientras iba comiendo las aceitunas, guardaba los huesos en la mano porque no encontraba delante un lugar donde dejarlos, como un cenicero, un plato... La persona con quien estaba hablando empezó a reírse de mí, ya que todos estaban tirándolos al suelo. Cuando miré el estado del suelo, vi que no importaba, ya que estaba lleno de comida, colillas y mucho más. ¡En Dinamarca esto es impensable!.* **Dinamarca/F**

De nuevo vemos aquí que la informante aplica desde su propia cultura la lógica del contexto interiorizado –la importancia de la limpieza y, por tanto, no tirar nunca nada al suelo– y situacional –en ninguna situación se tira nada al suelo– a la lógica del nuevo contexto cultural, –no se debe tirar nada al suelo–, pero en algunas situaciones está permitido, incluso "obligado". En la situación en la que se encuentra –en un bar donde todo se tira al suelo y donde no hay ceniceros– está permitido romper con la cadena de acción que en otras situaciones seguramente no podría realizarse. Esto desconcierta a la informante, pues no entiende que dependa de la situación la realización o no de este tipo de acto. Este ejemplo muestra la facilidad con que a veces se modifican los pasos de una cadena de acción dependiendo de la circunstancia situacional, de tal suerte que es arriesgado generalizar ideas interiorizadas.

n.º 29. Barro en la frente

En cierta ocasión una ucraniana que vivía en Bogotá tomó un bus para ir a su trabajo. De pronto notó algo extraño en su vecina y le dijo: 'Perdone, tiene usted una mancha de barro en la frente'. Ante la aterrada mirada de la vecina replicó más fuerte: 'Le digo que tiene usted una mancha de barro en la frente'. La desorbitada mirada de la vecina la avergonzó; pero su vergüenza se convirtió en terror al sentir la punzante mirada de 25 pasajeros, todos marcados con la horrible marca de barro en la frente!.

Sintió que la vida no le alcanzaba para recorrer los escasos metros que la separaban de la puerta del bus, y menos para esperar los pocos segundos que tardó el bus en detenerse.

Pasó mucho tiempo antes de que un alma caritativa le explicara que, en efecto, aquel era el primer miércoles de ceniza que ella presenciaba. Por supuesto, fue necesario explicarle el significado de la frase 'Polvo eres, y en polvo te convertirás'. **Ucrania/F**

Este relato muestra claramente las consecuencias del desconocimiento de un ritual cultural. La informante actúa con la intención de hacer un favor a la persona que tiene delante, pues sabe lo molesto que puede ser tener una mancha en el rostro y no darse cuenta; por tanto, es de agradecer que, en una situación parecida, un *alma caritativa* haga un comentario que pueda evitar una incomodidad. La informante, a pesar de su propósito de evitar un mal rato a su vecina, fue quien lo pasó. En esta situación el malentendido fue más espectacular al encontrarse entre tantas personas que observaron la situación. Este aspecto del contexto era totalmente desconocido para ella, por lo que actuó según su lógica.

n.º 22. ¿Invitación?

Al principio de vivir en Holanda, una compañera de estudios me invitó a cenar a su casa, junto con otras dos compañeras más, también holandesas. Le pregunté si quería que llevara algo para la cena, una botella de vino o algo de postre y me dijo que no, que no hacía falta. Cenamos, charlamos y después del café, cuando ya iba a marcharme, me dijo que debía darle cinco florines. Yo no entendía nada, pero vi que las otras chicas le daban la cantidad mencionada. Estaba perpleja, abochornada, sin saber qué decir, además resulta que no llevaba dinero encima, pues no imaginaba tener ningún gasto aquella noche, ya que, para mí, una invitación es una invitación. Cuando dije que no llevaba dinero encima, me miraron extrañadas y aceptaron a regañadientes que lo pagara al día siguiente. Estaba tan enfadada que no las invité a mi casa a cenar, como hubiera correspondido. Más adelante, me di cuenta de que era costumbre entre los estudiantes compartir así los gastos sin avisar de antemano, pues se da por supuesto que se sobreentiende. Además, eso de pagar al día siguiente... fiar no es habitual. No me volvió a pasar más, pero di una imagen de mí misma que me costó tiempo y sudores cambiar. **España/F**

La informante pasó un mal rato debido al desconocimiento de la diferencia del concepto *invitación* en un contexto situacional determinado, debido básicamente al hecho de que no se explicitó inicialmente. En su lógica contextual, una invitación era siempre una invitación; es decir, la persona que invitaba pagaba, excepto en el caso de que se tratara de una propuesta explícita de repartir los gastos previa al acto –en este caso al acto de comer.

Se trataba de un ritual típico en una situación determinada –entre entudiantes– que la informante desconocía, así que proyectó su lógica del contexto –que en este caso no preveía una diferencia de apreciación en una situación dada– y dio una imagen de sí misma que no pretendía. Al darse cuenta del malentendido, optó por callar y no dar una explicación de la diferencia de significado en su cultura, lo que hizo que la situación se volviera tensa. Probablemente aquí hubo una falta de habilidad para reconducir y relajar la situación.

b. Competencia en contexto interiorizado / Incompetencia en contexto situacional

Estas dos historias reflejan que las informantes poseían ciertos conocimientos generales sobre algunos aspectos de la cultura española –aquí no hablamos de total desconocimiento sociocultural– por los que se guiaron en ambas situaciones interculturales. El problema reside en que el contexto de la situación requería unas habilidades específicas para adaptar dichos conocimientos al momento dado.

n.º 4. La hermana

Viví una temporada en un piso compartido con otras cinco personas. El piso era demasiado pequeño para tanta gente y no había mucha intimidad. Un día, yo estaba sentada en la mesa del comedor con uno de mis compañeros, cuando llegó su hermana. Después de saludarla, me fui a mi habitación y los dejé solos para que pudieran hablar tranquilamente, ya que sabía que no se habían visto desde hacía mucho tiempo. Pero ella se enfadó conmigo y pensó que mi comportamiento era de mala educación. Mi intención era no molestarlos, pero para ella fue señal de desinterés. **Alemania/F**

En este primer caso, vemos que la informante parte del hecho de que en España las relaciones familiares son muy importantes –más que en su país– y considera que su actitud es una muestra de respeto hacia este aspecto de nuestra cultura: si la hermana de su compañero de piso viene a visitarle –después de tanto tiempo sin verse–, debe dejarlos solos para que puedan estar a gusto; al fin y al cabo –piensa–, son familia y tendrán ganas de estar solos sin una extranjera a su alrededor. Seguramente en su país no hubiera actuado de la misma manera, pero, por respeto a la nueva cultura, modifica su contexto.

El problema reside aquí –una vez más– en el hecho de que no dé una explicación de su conducta, ya que la situación concreta lo requeriría. El chico es su compañero de piso, alguien conocido por tanto, con quien comparte cierta intimidad, así lo considera él. En consecuencia, si su hermana viene, él querrá compartir –de alguna forma– parte de esta intimidad con la informante. Si ella considera que es mejor dejarlos solos –una actitud que no entra inicialmente dentro de la lógica de su contexto situacional, aunque sí de ella, intentando adaptarse a la *lógica española*–, debe dar una explicación, ya que está rompiendo la cadena de acción. En este caso pensamos que la única forma de haber evitado la incomodidad hubiera sido que la informante hubiera preguntado a su compañero de piso si deseaba estar solo con su hermana o no y, así, clarificar la situación, sin dar por supuestos aspectos tan generales de la cultura.

n.º 27. ¡Cuidado, la policía!

Era mi primera fiesta en Barcelona. Me habían invitado unos amigos que había conocido en la playa. Había muchísima gente que gritaba, bailaba y la música estaba muy alta. Sobre las dos de la mañana alguien dijo: 'Pronto llegará la policía'. Me entró pánico, estaba muerta de miedo. Al ver mi cara, todos empezaron a reír diciendo: 'Esto es normal, no pasa nada. Siempre vienen y después se van y seguimos con la fiesta'.

Así fue en aquella fiesta y en muchas otras a las que asistí posteriormente. La policía venía, estaba muy amable, con mucha paciencia y después se marchaba..... y la fiesta seguía. Era como un ritual. **Alemania/F**

Aquí la informante tenía ciertos conocimientos de la cultura española que incluían que las fuerzas de seguridad eran especialmente contundentes, quizás a través de los medios de comunicación de su país o cosas que le habían contado personas que vivían en España. Además, este contexto interiorizado sobre la nueva cultura se vio reforzado por el que tenía de la propia: en Alemania en una situación similar la policía hubiera actuado de forma contundente. En esta situación concreta supuso que, ante la inminente llegada de la policía, su actitud lógica debía ser de temor y así fue. Por la reacción de las personas que estaban con ella vio inmediatamente que la situación concreta no confirmaba su tópico y, en las demás situaciones similares, se adaptó al nuevo contexto situacional.

ESPACIO

A continuación veremos situaciones donde las diversas apreciaciones, asociaciones y percepciones del espacio dificultan o impiden la comunicación. Hablaremos tanto del espacio que se percibe a través de la vista como el que se capta mediante el oído, la piel y el olfato.

n.º 3. Los piropos que no eran.

Tenía un compañero de trabajo peruano que tenía la costumbre de acercarse mucho al hablar con nosotras y a veces acabábamos la conversación unos pasos detrás de donde la habíamos empezado. También tenía la costumbre de ponernos una mano en el hombro, o en la espalda al conversar y piropearnos constantemente. Además hablaba muy dulcemente y miraba con los párpados entornados.

Yo me lo tomaba a guasa, pero reconozco que procuraba que mis alumnos (soy profesora de secundaria) no nos vieran conversar para que no hubiera lugar a malas interpretaciones.

Como yo, mis compañeras, excepto una: le atacaba los nervios y finalmente se tomó uno de los piropos como si explícitamente la hubiera invitado a la cama. Le montó un número que el pobre hombre quedó verdaderamente corrido.

Yo creo que la actitud de mi compañero se debía a una diferencia cultural por lo que al trato se refiere. ¡¡Pero era un compromiso!! **España/F**

En esta situación vemos claramente el malentendido que se produce a causa de la diferente interpretación del espacio íntimo y del personal. Lo que para el compañero peruano era percibido como espacio personal, para la informante y el resto de sus compañeros de instituto españoles se consideraba una violación del espacio íntimo, y se sentían molestos e irritados, llegando incluso a enfadarse con él. El hecho de que el compañero peruano se sorprendiera ante tal reacción y no entendiera la razón por la que se merecía semejante *escándalo* evidencia que no era consciente del significado para la cultura española de su comportamiento que, según su concepción del espacio, era totalmente adecuada. Su intención de ser simplemente amable –situándose desde su punto de vista en un espacio personal– se malinterpretó y se consideró un abuso de confianza y un intento permanente de ligar con sus compañeras de trabajo pues, según la cultura de aquí, estaba invadiendo un espacio íntimo. Aquí, nuevamente, consideramos que la única forma de evitar la situación a la que se llegó era explicitando el significado de su conducta en la nueva cultura.

n.º 7. Ahora te toca a ti

Desde que vivo en Alemania me sorprende la actitud de los jóvenes cuando eres amable. Por ejemplo, llevarle un café a alguien o

> *lavarle la taza. Siempre se te malinterpreta y te preguntan si te has vuelto su criada. En España es normal, y piensas que la próxima vez lo hará el otro por ti.* **España/F**

La informante señala una situación de constante interpretación errónea de sus intenciones cuando intenta ser amable –desde su lógica contextual–, ofreciéndose a hacer algo por sus compañeros. Creo que lo que ella pretende con esta actitud es reducir la distancia y, por tanto, pasar de un espacio social a un espacio más personal. Su actitud no es interpretada así, sino como una actitud negativa, como una forma de servilismo. Seguramente, las estrategias de acercamiento, de reducción del espacio en la nueva cultura de la informante no incluyen este tipo de actitudes, de manera que su intención no es interpretada correctamente. Seguramente para evitar estas situaciones debería observar qué técnicas se utilizan para lograr este acercamiento y utilizarlas si es este su objetivo.

n.º 9. ¿Qué hace esta mujer aquí?

> *Estaba en España y venían de visita ocho ejecutivos de Libia que debían reunirse con ejecutivos de la compañía con la que yo trabajaba. La única mujer entre los españoles era yo (soy argentina). Esto generó una serie de incomodidades, especialmente cuando hacíamos reuniones informales o comidas. Las mujeres en esa región de Libia no se sientan con los hombres. Y si algo así iba a suceder en una reunión informal, se debía avisar con antelación para que ellos se "prepararan" o yo debía abstenerme de participar en las reuniones sociales.* **Argentina/F**

La situación de incomodidad que sentían los ejecutivos libios ante la presencia de la informante en las reuniones y las comidas se debía al diferente concepto de espacio que tenían. Lo que para ellos era un espacio íntimo, para ella y el resto de los españoles era un espacio social. Así pues, se sentían invadidos en su intimidad, algo que no correspondía a una situación laboral, según su lógica espacial. La solución la encontraron los mismos participantes al acordar que, cada vez que tuviera que asistir una mujer a la reunión, se les avisara de antemano para poder prepararse, pues consideraron que eran ellos, por ser extranjeros, quienes debían adaptarse a la situación.

n.º 13. Las flores de la discordia

Hace unos años viví una temporada en Barcelona pues hice las prácticas de mis estudios de Empresariales en una empresa de la ciudad. Un día, un compañero de trabajo me invitó a cenar a su casa; me imagino que quería ser amable, pues la gente del trabajo era a los únicos que conocía en la ciudad. Yo estaba muy contento de que me hubiera invitado y creía que era muy amable por su parte. Sobre las nueve fui a su casa con un ramo de flores, algo que es normal llevar en Holanda cuando te invitan a cenar, seas chico o chica. Cuando mi compañero abrió la puerta y me vio allí con el ramo de flores, se puso rojo como un pimiento, nervioso y me invitó a pasar. Yo no entendía nada de nada. Sólo sé que estuvo toda la noche muy raro y apartado de mí. Sólo después he sabido que no es normal en España que un hombre lleve flores a otro hombre y que tiene un doble significado. No sé qué debían pensar de mí en aquella empresa. **Holanda/M**

Esta situación nuevamente se relaciona con una diferente apreciación del espacio íntimo. El informante estaba actuando con la intención de ser amable en una situación social que se estaba convirtiendo en personal: precisamente por el hecho de que su compañero de trabajo lo invitara a cenar. Según su lógica contextual, cuando uno va invitado debe llevar algo y él llevó lo que solía en su país: un ramo de flores. Este regalo en su cultura es algo que no tiene en sí ningún tipo de connotación especial, por la naturalidad con que se ofrece y se recibe en muchas circunstancias sin tener en cuenta el sexo del receptor o del que lo regala. El informante desconocía que en el nuevo contexto cultural no se veía así. La intención de amabilidad fue interpretada como una invasión del espacio íntimo, una insinuación de carácter sexual, con una clara doble intención que pretendía ir más allá de una simple relación de amistad. La situación se volvió tensa e incómoda para los dos. Uno pensó que debía mantenerse distante y frío para que el otro no pensara que accedía a sus *intenciones*. El informante no entendía esta actitud de rechazo, después de haberlo invitado amablemente a cenar. Probablemente podrían haber relajado la situación hablando y aclarando qué pasaba, aunque era difícil, pues la relación no era todavía personal –quería empezar a serlo cuando ocurrió el desaguisado– y no había la suficiente confianza, más bien temor de aclarar qué pasaba. De todas formas, es evidente que el hecho de cerrarse la comunicación dio pie a especular sobre los motivos de las actitudes mutuas y empeoró la situación. La consecuencia más grave de esta falta de comunicación para aclarar los conceptos es que creó una imagen del informante totalmente errónea, sin que él tuviera la posibilidad y oportunidad de saber lo que estaba pasando y, por tanto, pudiera reconducir el malentendido.

TIEMPO

Las diferencias en los sistemas de tiempo ilustran las siguientes situaciones. Las relaciones entre personas monocrónicas y sincrónicas pueden ser incómodas, si no son conscientes de las diferencias mutuas de percepción del tiempo y los aspectos relacionados con el mismo.

n.º 11. Nochebuena

> En mi segunda visita a Barcelona, en Navidad, nos invitaron (a mí y a mi novio, a quien hacía tiempo que no había visto) a la fiesta de Nochebuena. Me sorprendió que la fiesta empezara a las 11 de la noche. En Japón normalmente la fiesta empieza a las 7. Aquella noche me sentía muy mal por el cambio de horario y como no sabía que en Nochebuena la fiesta dura hasta la madrugada, nos fuimos después de las 12. Necesitaba descansar. Pero además, decidí irme porque en Japón no es de buena educación quedarse en las fiestas hasta muy tarde.
>
> Los amigos de mi novio no entendían por qué me iba tan pronto e imaginaron que nosotros queríamos estar solos... en la cama.
> **Japón/F**

La informante, sin quererlo, corta una cadena de acción y, según la lógica de contexto de la cultura española, no era una conducta *lógica*: decide irse de una fiesta de Nochebuena a las 12 de la noche. Siguiendo su lógica contextual, era de mala educación quedarse hasta más tarde y, por tanto, quería ofrecer una buena imagen de sí misma actuando de acuerdo con las pautas de buena educación, sin ser consciente de que no eran las mismas de la nueva cultura. El error radica en que, al romper con la cadena de acción, no explicó la razón y, por consiguiente, se empezó a especular sobre los motivos, algo que la informante encontró de mal gusto, dificultando así la comunicación. Parece obvio que, si ella hubiera explicitado las razones, entre las cuales estaba el hecho de que se sentía muy cansada a causa del cambio de horario en su viaje, se habría comprendido fácilmente la ruptura en el proceso normal de la acción, según el contexto español.

n.º 15. Como perro en día de mudanza

Yo soy brasileña y cuando pololeaba a quien es hoy mi marido, que es chileno, nos pasó la siguiente situación: un día nos despedimos por la noche y quedamos en vernos al día siguiente. Él vendría a mi casa "después del almuerzo". En Brasil normalmente se almuerza por vuelta de las 12 ó 13 horas. Imaginé que él llegaría como máximo a las 15h a mi casa y desde las 12 me puse ansiosa, esperándolo, después de un ritual de dos horas para arreglarme. Pero en Chile, el almuerzo es más tarde, sobre todo los fines de semana, es por vuelta de las 14h. Para él, por lo tanto, nuestro "después del almuerzo" serían las 17h, considerándose el tiempo de locomoción.

Resultado: llegó a las 18h y yo enojadísima, furiosa, no quise verlo. Me encerré en mi cuarto y lo dejé esperando casi una hora con mi familia que él no conocía muy bien y mi abuelo que era medio loco. En el living, el pobre ni se imaginaba lo que me pasaba, pues para él NADA había sucedido de anormal. Yo, una chica enamorada, ansiosa, esperando por el pololo ¡¡¡por más de 5 horas!!! Pobre Mario, ¿qué habrá pensado de mí?. Se sentía más perdido que "perro en día de mudanza" (es un dicho brasileño). **Brasil/F**

La historia refleja un claro malentendido a causa de las diferencias de horario en la realización de las actividades. El concepto *después del almuerzo* tenía connotaciones diversas para los protagonistas, de manera que, *retrasarse un poco* para uno significó *llegar muy tarde* para el otro. Aquí el malentendido se aclaró rápidamente con la explicación que obligadamente tuvo que dar el chico en vista del enfado de la informante. En una relación intercultural es básico aclarar de antemano conceptos que pueden divergir. El caso del tiempo y los horarios es una de las situaciones más evidentes de divergencia en encuentros interculturales, al contrario de otros aspectos que quedan más ocultos a simple vista, como los anteriormente comentados. Así pues, este tipo de malentendidos puede prevenirse más fácilmente que otros o, al menos, no reincidir en la ocurrencia.

n.º 16. Las gallinas cenan temprano

En una oportunidad invité a un grupo de amigos españoles del trabajo a participar de un asado a las brasas en mi casa; quedamos de acuerdo en juntarnos a cenar a las 20h. El matrimonio que más temprano llegó fue a las 21.30h, el resto después de las 22h. Por supuesto que el asado, que era un costillar de vaca hecho a las brasas, se había pasado de cocción. El argumento fue que a las 20h era muy temprano para cenar y que ellos no eran "gallinas" para cenar tan temprano. **Argentina/M**

Evidentemente, los invitados desconocían el significado y las connotaciones de *hacer un asado*. La persona que los invitó no aclaró que era un tipo de comida que debía comerse inmediatamente después de prepararse. Los invitados pensaron que a las ocho era la hora acordada, pero no la hora para empezar a cenar, según su concepto del tiempo –se queda a una hora, pero se llega más tarde y, para cenar, sobre las diez. Seguramente el informante desconocía el contexto temporal de aquí o no insistió suficientemente en el hecho de que había que ser puntual, por las características de la comida. Parece evidente que nos encontramos de nuevo en una situación en la cual se rompe la cadena de acción lógica según el contexto cultural –cenar no antes de las diez– y que, por tanto, debe justificarse de alguna forma. El informante tendría que haber explicado el motivo por el cual se producía esta modificación de la *lógica* e insistido en que se cumpliera.

5.3.3. Conclusión

En general, constatamos el peso importante que representan los valores y las normas de nuestra cultura a la hora de observar y evaluar otra y, en especial, a la hora de actuar en una situación determinada. El resultado es que, frecuentemente, en contextos culturales diferentes del propio, uno no es consciente de que lo que está viendo y descubriendo lo interpreta en realidad según su propia percepción y evaluación cultural.

También es significativo ver el efecto que tienen las diferencias culturales generales en situaciones concretas. A veces pequeñas diferencias pueden convertirse en mucho más importantes de lo que pensábamos, como hemos visto en algunas situaciones del apartado anterior.

Aunque la mayoría de los malentendidos son a causa de una insuficiente competencia sociocultural, en algunos casos, las diferencias culturales no son el problema más importante en la comunicación, sino la poca habilidad por parte de los interlocutores en interpretar la situación como una expresión de un sistema de significados diferente, de una cultura diferente. Así es, por ejemplo, en los casos en que una persona es malinterpretada en relación con sus intenciones simplemente porque se interpretan de forma diferente factores de situación, como podría ser la forma de vestir (ver ejemplos n.º 1, 2 y 10).

Esta falta de habilidad, esto es, el no ser consciente de que uno está en una interacción intercultural, implica a menudo que una situación incómoda, que en principio no puede evitarse por un desconocimiento sociocultural no predecible, no pueda reconducirse o que incluso empeore (ver ejemplos n.º 3, 4, 12, 13, 21, 22, 24, 25)

Constatamos que la identidad puede ser transmitida, no sólo a través de aspectos culturales como la ropa, la comida, las costumbres, etc., sino también por medio de aspectos como la forma y el contenido de las interacciones, como pueden ser: registro, actos de habla, léxico, gestos, estilo comunicativo (ver ejemplos n.º 6, 12, 14, 18, 25, 28)

La mayoría de los malentendidos se encuentran, de todas formas, en las diferencias en relación a los valores, actitudes y acciones específicas de la cultura.

Muchas de las dificultades de comunicación intercultural se deben a la divergencia de concepción del contexto. Se supone demasiado a menudo que se dispone de una información o que nuestro interlocutor dispone de ella, cuando no es así. La habilidad en contextualizar, comunicarse y justificar los propios actos es básico en encuentros interculturales, a fin de facilitar información desconocida al interlocutor para evitar malentendidos o reconducirlos.

Finalmente, nos gustaría añadir que los malentendidos no deben verse desde una perspectiva pedagógica como algo *negativo*, aunque la persona *afectada* los considere así. Este tipo de experiencias de choque son muy útiles, pues hacen que la gente sea más receptiva en un aprendizaje intercultural, al tratarse de su propia experiencia. En el proceso de adquisición de la competencia intercultural, el choque cultural y las situaciones incómodas son *necesarias*, ya que forman parte de la nueva experiencia. La reflexión y el análisis de estas situaciones y percepciones en el aula, por tratarse de materiales, de experiencias reales, son fundamentales para ir comprendiendo los aspectos de la propia cultura y los de la nueva.

Consideramos, pues, que el mismo material que hemos utilizado para mostrar las dificultades de comunicación en encuentros interculturales es polivalente en su uso, habida cuenta de que podría utilizarse al mismo tiempo como material didáctico en el aula. Evidentemente, la interpretación de las historias sería una tarea que realizarían los alumnos con el asesoramiento del profesor.

6. Discusión

En este apartado comentaremos algunos aspectos que hay que tener en cuenta para situar correctamente este estudio.

6.1. LAS IMPLICACIONES DE LA COMPETENCIA INTERCULTURAL

El avance que supone en la pedagogía el concepto *competencia intercultural* no tiene sólo implicaciones teóricas y metodológicas, como hemos detallado en estas páginas, sino también implicaciones sociales importantes, algo que he dejado entrever a lo largo del trabajo. El hecho de no haber profundizado en este último aspecto no quiere decir que no lo consideremos de gran importancia. Es evidente que tratarlo a fondo significaría –por su extensión– relegar a un segundo plano aspectos teóricos y metodológicos que consideramos que son el objetivo principal de este estudio.

De todas formas, hay que ser consciente de que estamos hablando no sólo de cambiar ciertos aspectos pedagógicos, sino, y especialmente, ciertos aspectos sociales. La educación intercultural implica una postura crítica ante la sociedad, ya que se aparta de ciertos conceptos *neutrales* tradicionales. La implicación más importante de la educación intercultural, como una categoría ideológicamente crítica de la sociedad, es su transformación, para alcanzar un futuro mejor y más humano.

En realidad, la necesidad de alcanzar una competencia intercultural *es una necesidad de recuperar la humanidad perdida a través de la negación del racismo y del poder que ejercen algunos seres humanos sobre otros* (**Borrelli** 1990). Esta concepción de la educación se distancia de los paradigmas de objetividad del empirismo. La educación intercultural posee un elemento ideológico indiscutible. Si la pedagogía intercultural se distanciara de la sociedad, no podría ni percibir, ni intervenir en esta compleja realidad en constante transformación. Así pues, podemos considerar la educación intercultural como una teoría crítica de la transformación social y su objetivo principal: humanizar la sociedad. En estos momentos se han realizado estudios diversos para considerar *La Pedagogía Intercultural, La Educación Intercultural* o *Los Nuevos Estudios Culturales* como una nueva disciplina dentro de la Teoría General de la Educación. Estos estudios son sólo el principio para tratar de dar respuesta a los problemas educacionales de hoy en día e integrar todas las iniciativas y experiencias que se llevan a cabo desde distintas áreas. Este campo de estudio requiere todavía mucha investigación y análisis para fijar un marco referencial teórico claro.

6.2. EL APRENDIZAJE DE LA COMPETENCIA INTERCULTURAL

La bibliografía presentada en el apartado 3.2 (Desarrollo del concepto *competencia intercultural*) se basa en estudios y experiencias realizados en países con una larga tradición y una amplia experiencia en encuentros interculturales, especialmente dentro del propio país. Podemos observar este aspecto en los porcentajes de población inmigrante: Alemania, 8%; Bélgica, 9,1%; Dinamarca, 3,5%; Gran Bretaña, 3,5% (El PAÍS 1998). La situación en España (con un 1% de población inmigrante en 1998) difiere en estos momentos de la de otros países, aunque las perspectivas indican que en un futuro próximo el porcentaje de inmigración en nuestro país se verá fuertemente incrementado. Creemos que este aspecto es de suma importancia a la hora de aplicar experiencias didácticas de aprendizaje de la competencia intercultural.

El estadio en que se encuentran los estudios en algunos países no encaja con la realidad del nuestro. Habrá que empezar el proceso desde el principio: ver la necesidad de una competencia intercultural en el aprendizaje de una lengua extranjera. Esto significa un gran cambio en la actitud y la formación del profesorado. No hay que olvidar que en la adquisición de la competencia intercultural interviene un elemento fundamental que es un cambio de actitud personal. Para poder trabajar en esta línea es fundamental que este cambio de actitud se dé ante todo en el propio profesorado a través de la formación.

Un aspecto básico en ese cambio de actitud es cómo abordar la diversidad cultural: ¿desde la superioridad o desde la igualdad? ¿Cómo se distribuyen los esfuerzos y los recursos destinados a reforzar en la sociedad valores como la solidaridad, la igualdad, la tolerancia, la comunicación social? ¿Se persigue alcanzar una actitud de real comunicación –por tanto, entre iguales– o de simple tolerancia?

En estos momentos, en nuestro país la mayoría de los esfuerzos, tanto por parte de las administraciones como por parte de asociaciones y entidades educativas diversas, se enfoca casi únicamente hacia la sociedad receptora de inmigración. Se pretende que la sociedad –especialmente a través del mundo de la enseñanza– vea la diversidad cultural como algo natural, positivo. Muchas propuestas didácticas e iniciativas sociales lo demuestran. Pero se olvida a menudo el elemento fundamental y prioritario: las personas que acceden a este nuevo mundo con una nueva cultura y una nueva lengua. Muchos de los esfuerzos deberían ir encaminados a facilitarles los recursos necesarios para que puedan desenvolverse en esta nueva sociedad y que sean ellos quienes puedan hablar por sí mismos, darse a conocer, mostrarse como son. Facilitándoles el proceso de adquisición, comprensión y adaptación cultural, disminuyendo las dificultades habituales que uno tiene en el contacto con una nueva cultura, se trabaja realmente en la línea de la comunicación intercultural, es decir, desde la igualdad.

Para reflexionar sobre el tema:

- ¿Por qué consideramos lógico que, por ejemplo, un empresario inglés o alemán conozca aspectos socioculturales de la nueva sociedad para poder desenvolverse eficazmente en el mundo laboral de nuestro país?

Pero:

- ¿Por qué ni nos planteamos que, por ejemplo, un adolescente magrebí, un trabajador marroquí o un parado paquistaní tengan las mismas necesidades de conocimiento sociocultural para poder desenvolverse en esta nueva cultura?
- ¿Por qué consideramos que un niño o un adolescente español debe conocer y, por tanto, debemos enseñarle las diferencias socioculturales, para que se sensibilice ante la diversidad?

Pero:

- ¿Por qué consideramos que un niño o adolescente procedente de otra cultura que vive en nuestro país adquirirá de forma *natural* la nueva lengua y la nueva cultura?
- ¿Por qué en las actividades y propuestas dirigidas a sensibilizar sobre la diversidad cultural suelen obviarse culturas del llamado "primer mundo", cuando, en cambio, inciden en las del llamado "tercer mundo".

Consideramos que la postura ante la diversidad cultural no es la adecuada y se encuentra muy alejada de los planteamientos e iniciativas de otros países.

Nos parece, por consiguiente, que no podemos simplemente aplicar aquí las nuevas didácticas que proponen autores como Byram, Esartes-Sarries, Barro y otros, basadas en realidades y experiencias realizadas en otros países sin tener en cuenta estos factores.

Los estudios y las experiencias que se han llevado a cabo hasta ahora representan un avance muy importante y pueden ser de gran ayuda para planificar el propio proceso de introducción del elemento intercultural en la enseñanza de lenguas extranjeras en nuestro país, adaptado a sus necesidades. Para ello son imprescindibles estudios que reflejen esta realidad:

- en relación con las características que debe tener del profesorado y con su formación;
- en relación con la situación actual de demanda desde diversos colectivos, teniendo en cuenta factores como procedencia cultural, razones de inmigración, edad, necesidades, actitud ante la nueva cultura, etc.

Únicamente después de esta primera etapa podremos ver con claridad qué elementos hay que modificar o introducir para trabajar de forma efectiva en pro de la competencia intercultural en el aprendizaje de una lengua extranjera.

Las experiencias realizadas hasta ahora de enseñanza de la competencia intercultural se han realizado mayoritariamente con niños y jóvenes y en un tiempo relativamente largo (durante uno o más cursos escolares o universitarios). Asimismo, muchas experiencias se han llevado a cabo con grupos monoculturales aprendientes de una lengua extranjera. Las experiencias han resultado muy positivas, ya que se disponía de elementos importantes para ese cambio de actitud, imprescindible para alcanzar la competencia intercultural, como el trabajar con alumnos jóvenes, con una actitud fácilmente *manipulable,* tener el tiempo necesario para completar todos los pasos que requiere el proceso y poder fácilmente introducir la propia cultura en el aprendizaje. Habría que ver cómo pueden adaptarse estas experiencias a grupos con otras características, como: adultos, clases multiculturales, cursos intensivos, etc. Son necesarios estudios que clarifiquen cómo adaptar de forma efectiva los métodos a las distintas necesidades.

6.3. La multidisciplinariedad de los estudios interculturales

El debate intercultural es muy reciente y recibe aportaciones desde disciplinas diversas, tal como hemos podido constatar a lo largo del trabajo. Se necesita investigación, análisis y reflexión desde la psicología, la filosofía, la antropología, la lingüística, la sociología, la adquisición de segundas lenguas y, especialmente, la etnografía (como disciplina que supone el enlace que faltaba entre los estudios del lenguaje y los de la cultura). Todo ello es necesario para profundizar en los aspectos fundamentales que intervienen directa o indirectamente en la adquisición de la competencia intercultural:

- la conservación de la identidad de los aprendientes, aunque cuestionando el concepto de nacionalismo, a través de una reflexión sobre los valores propios;

- el papel del aprendizaje de una lengua extranjera en el proceso de adquisición de la competencia intercultural;
- las características en la adquisición de una L2, proceso similar pero no idéntico a la de la L1;
- las implicaciones sociales de la educación intercultural: la necesidad de investigación y aprendizaje que incluya una evaluación crítica de los valores culturales establecidos y de los métodos tradicionales;
- el papel de la observación etnográfica en la formación del profesorado y en la confección de materiales didácticos;
- los debates internacionales deben considerar el contexto histórico-social al formular sus discursos educativos o académicos;
- el papel de los estudios de comparación entre culturas.

Podemos observar que todavía quedan muchos aspectos para investigar y sobre los que reflexionar en relación a la competencia intercultural. En este apartado hemos intentado situar mejor el estudio y señalar las carencias que existen en estos momentos especialmente en nuestro país.

7. CONCLUSIONES

7.1. El marco de adquisición

Creemos haber demostrado que la competencia intercultural es un objetivo imprescindible teniendo en cuenta las características de la sociedad actual y, por tanto, de la enseñanza de lenguas extranjeras. Sólo algunos tienen la posibilidad de adquirirla en los procesos de primera o segunda socialización; por ejemplo, en familias biculturales o en escuelas internacionales. La mayoría de las personas, sin embargo, adquirirán la competencia intercultural durante sus estudios o en el transcurso de su carrera profesional.

Parece evidente, pues, que un contexto idóneo para el aprendizaje de la competencia intercultural se encuentra en el aula de lengua extranjera. Este trabajo ha dado por supuesto, desde el inicio, que lengua y cultura son una unidad indiscutible. Los estudiantes de lenguas extranjeras deben ser conscientes de que la lengua que están aprendiendo es la expresión de una cultura y de que es diferente de la suya, aunque haya algunos aspectos que puedan ser similares.

7.2. El proceso de adquisición

Podríamos comparar este proceso con el de adquisición de una lengua: al igual que se aprende la gramática de una lengua, debe aprenderse también la "gramática de una cultura", las "estructuras" ocultas que influyen y guían el pensamiento y el comportamiento de los miembros de una cultura determinada. Está comprobado –y este mismo trabajo lo demuestra– que una competencia lingüística adecuada no significa la adquisición automática de una competencia sociocultural. Hay que recordar que los informantes de las historias de malentendidos (apartado 5.3) eran en su gran mayoría personas con una competencia lingüística suficiente. La competencia intercultural, pues, no se adquiere sola, requiere un aprendizaje. Las habilidades y conocimientos socioculturales deben incluirse desde el inicio del aprendizaje e ir avanzando paulatinamente de forma integrada en el aprendizaje de la lengua extranjera.

7.3. Las características del aprendizaje

A fin de *luchar* contra los tópicos y prejuicios, es decir, contra las resistencias que se encuentran arraigadas en la propia personalidad por medio de una educación determinada, es fundamental que el aprendizaje intercultural integre aspectos como el concepto de *cultura,* reflexión sobre la propia cultura, comparación entre culturas, observación, estudio y reflexión de la cultura extranjera; adaptación a la cultura extranjera; sistemas convergentes y divergentes, y las dimensiones psicológicas de la interacción entre miembros de diferentes culturas, entre otros, tal como hemos reflejado en el apartado 3.2.

7.4. LOS ENFOQUES ACTUALES

En relación con los métodos de formación intercultural que se están desarrollando, hay que considerar sus ventajas e inconvenientes y ver los aspectos positivos de ellos. Nos referimos en concreto a los métodos que hacen hincapié en la habilidad y la capacidad cultural generalizada, por una parte, y los que resaltan la habilidad en las estrategias específicas de una cultura determinada, por otra.

Consideramos que el conocimiento de aspectos de una cultura específica es muy importante para aumentar la habilidad en el manejo de situaciones interculturales generalizadas. El análisis de los datos ha demostrado que, partiendo de situaciones problemáticas concretas relativas a una cultura determinada, pueden inferirse una serie de *reglas* culturales generales que suelen ser válidas para contactos interculturales diversos.

En el campo de la comunicación intercultural y su aplicación didáctica, queda todavía mucho por explorar, pero las necesidades actuales y el atractivo de su interdisciplinariedad aseguran un rápido y amplio desarrollo en un futuro próximo.

Con este trabajo hemos pretendido aportar un granito de arena a uno de los objetivos más importantes de la educación en la sociedad actual: posibilitar una actitud de comunicación entre las personas que vaya más allá de las limitaciones de las culturas individuales, del etnocentrismo, llegar, en suma, a una comunicación intercultural.

8. BIBLIOGRAFÍA

AARUP JENSEN, A. (1995). "Defining Intercultural Competence. A Discussion of its Essential Components and Prerequisites". En L. Sercu (ed.) *Intercultural Competence* Vol. I: 41-52.

AARUP JENSEN, A. (1995). "Defining Intercultural Competence for the Adult Learner". En A. Aarup Jensen y otros (eds.) *Intercultural Competence* Vol. II: 29-42.

AARUP JENSEN, A., JAEGER, K. y LORENTSEN, A. Ed. (1995).*Intercultural competence.* Vol. II: *The Adult Learner.* Aalborg: Centre for Languages and Intercultural Studies, Aalborg University.

AKMAJIAN, A., DEMERS, A. y HARNISH, R. (1987). *Lingüística: una introducción al lenguaje y la comunicación.* Madrid: Alianza Univ. Textos.

ALAMEDA, M.M. y SANEFUR, J.E. "About the cultural knowledge newsletter". [Online]. Disponible en: www.tucson.com, diciembre 1997.

ALTO COMISIONADO DE LAS NACIONES UNIDAS PARA LOS REFUGIADOS (1996). ACNUR. *Un instrumento de paz.* Madrid: ACNUR.

ARNAUS, R. y CONTRERAS, J. (1992). "El compromís ètic en la investigació etnogràfica", *Temps d'Educació,* 14: 33-60.

AUSTIN, J.L. (1971). *Palabras y acciones.* Buenos Aires: Paidós.

AXTEL, R.E. (1991) *Do's and Taboos Around the World: A Guide to International Behavior.* NewYork: Wiley.

BACHMAN, L.F. y CLARK, J. L. (1987). "The measurement of foreign/second language proficiency", *Annals of The American Academy of Political and Social Science,* 490.

BACHMAN, L.F.(1990). "Habilidad lingüística comunicativa". En M. Llobera y otros *Competencia comunicativa.* Madrid: Edelsa.

BALIGA, C. y BAKER, J. (1985). "Multinational corporate policies for expatriate managers: selection, training and evaluation", *SAM Advanced Management Journal*, Vol. 50, 4

BARRO, A. et al. (1993). *Cultural Studies for Advanced Language Learner.* Clevedon: Multilingual Matters.

BAUSINGER, H. (1977). "Zur kulturalen Dimension von Identität", *Zeitschrift für Volkskunde,* 1

BINON, J. y CLAES, M.T. (1995). "Intercultural Communication and Negotiation in a Business Environment". En A. Aarup Jensen y otros (eds.) *Intercultural Competence*, Vol. II: 323-354.

BLAIR, K.L. (1995-1996). "Multicultural awareness in the language Classroom". [Online]. Disponible en:www.wfi.fr/blair

BLOMMAERT, J. y VERSCHVEREN, J. (eds.) (1991). *The pragmatics of International and Intercultural Communication*. Amsterdam: J. Benjamin Publ. Company.

BORRELLI, M. (1990). "Intercultural Pedagogy: Foundations and Principles". En D. Buttjes y M. Byram (eds.) *Mediating Languages and Cultures*: 275-286.

BOURDIEU, P. (1990). *In other words*. Stanford: Stanford University Press.

BOUMAN, H. y HOGEMA, I. (1995). "De markt van multiculturele Misverstanden", *Intermediair*, 14 de abril de 1995: 53-55.

BREWSTER, C. (1991). *The management of expatriates*. Cranfield: Cranfield Institute of Technology. Human Resource Centre Monograph 2.

BRIGGS, C.L. (1984). "Learning how to ask: Native metacommunicative competence and the incompetence of fieldworkers", *Language in Society*, 13: 1-28.

BROWN, G. y LEVINSON, S. (1987). *Politeness. Some Universals in Language Use*. Cambridge: Cambridge University Press.

BROWN, G. y YULE, G. (1993). *Análisis del discurso*. Madrid: Visor.

BURKE, P. (1996). *Hablar y callar*. Barcelona: Gedisa.

BUTTJES, D. y BYRAM M. (eds.) (1991). *Mediating Languages and Cultures*. London: Multilingual Matters Ltd.

BYRAM, M. y ESARTE-SARRIES, V. (1991). *Investigating Cultural Studies in Foreign Language Teaching*. London: Multilingual Matters Ltd.

BYRAM. M. (1995). "Acquiring Intercultural Competence. A Review of Learning Theories". En L. Sercu (ed.) *Intercultural Competence* Vol. I: 53-70.

CABRÉ, A. (1993). "Les migracions a Europa, repercussions humanes i socials", *Ponències. Tema General 28a Escola d'Estiu de Rosa Sensat,* juliol 1993.

CAMPBELL, R. y WALES, R. (1970). "The study of language adquisition" En J. Lyons (comp.). *New Horizons in Linguistics*. Londres: Penguin.

CANALE, M. (1983). "From Communicative Competence to Communicative Language Pedagogy". En J. C. Richards y R. W. Schmidt (eds.) *Language and Communication*. Londres: Longman.

CANALE, M. y SWAIN, M.(1980). "Theoretical Bases of Communicative Approaches to Second Language Teaching and Testing", *Applied Linguistics,* Vol. 1,1: 1-47.

CANALE, M. y SWAIN, M. (1996). "Fundamentos teóricos de los enfoques comunicativos", *Signos*, 17: 54-62.

CANDLIN, C.N. (1980). "Discourse patterning and the equalizing of interpretative opportunity". En L. Smith (comp.) *English for Cross-Cultural Communication*. New York: Macmillan.

CAÑADELL, R. (1993). "Les diferents cultures a l'escola: un repte educatiu", *Ponències. Tema General 28a Escola d'Estiu de Rosa Sensat,* juliol 1993.

CARDEL-GERTSEN, M. (1995). "Intercultural Training as In-Service Training. A Discussion of Possible Approaches". En A. Aarup Jensen y otros (eds.) *Intercultural Competence* Vol. II: 305-316.

CENTRE FOR LANGUAGES AND INTERCULTURAL STUDIES. (1996) "The Acquisition and Teaching of Intercultural Competence". [Online]. Disponible en: www.auc.dk

CHOMSKY, N. (1965). *Aspects of the Theory of Syntax.* Cambridge: Mass. M.I.T. Press.

CHOMSKY, N. (1980). *Rules and Representations.* New York: Columbia University Press.

CLASSROOM CONNECT. "Citing Internet Addresses". [Online]. Disponible en: www.classroom.net, diciembre 1997.

COTS, J.M. (1994). "Un enfoque sociopragmático en la enseñanza de una lengua extranjera", *Signos,* 11: 46-51.

COTS, J.M., NUSSBAUM, L., PAYRATO, Ll. y TUSÓN, A. (1990). "Conversa(r)", *Caplletra* n° 7.

DELANOY, W. (1994). "Cultural learning in the foreign language classroom: from 'Landeskunde' to 'New Cultural Studies'". [Online]. Disponible en: www.britcoun.org/studies/stdsflan.htm

EL PAÍS (1998). *Guía del EURO.* Madrid: Diario El País, S.A.

ESCANDELL, M.V. (1993). *Introducción a la pragmática.* Barcelona: UNED/ANTHROPOS.

FURNHAM, A. y BOCHNER, S. (1986). *Culture Shock. Psychological reactions to unfamiliar environments.* London and New York: Methuen.

GEERTZ, C. (1973). *The interpretation of cultures.* USA: Basic Books of Harper Collins.

GEERTZ, C. (1988). *La interpretación de las culturas.* Barcelona: Editorial Gedisa S.A.

GIL, X., GARCÍA, E. y RODRÍGUEZ, G. (1992). "Anàlisi de dades en la investigació etnogràfica", *Temps d'Educació,* 14: 61-82.

GOETHALS, M. (1995). "A Comprehensive "Map" of Foreign Language Teacher Training. Locations for a Training Component towards Intercultural Competence". En A. Aarup Jensen y otros (eds.) *Intercultural Competence* Vol. II: 43-58.

GOETHALS, M. (1995). "A European Multicultutural Communicative Foreign Language Teaching Methodology". En L. Sercu (ed.) *Intercultural Competence* Vol. I: 11-30.

GRICE, H.P. (1975). "Logic and Conversation". En P. Cole y J.L. Morgan (eds.) *Syntax and Semantics*, Vol. 3. New York: Academic Press.

GRICE, H.P. (1978). "Further Notes on Logic and Conversation". En P. Cole (ed.) *Syntax and Semantics*, Vol. 9. New York: Academic Press.

GUMPERZ, J.J. (1972). "Preface". En J.J. Gumperz y D. Hymes (eds.) *Directions in Sociolinguistics: The Ethnography of Communication*. New York: Holt, Rinehart and Winston.

GUMPERZ, J.J. (1982). *Discourse strategies* Cambridge: Cambridge University Press.

HALL, E.T. (1978). *Más allá de la cultura*. Barcelona: Ed. Gustavo Gili.

HALL, E.T. (1986). *La dimensión oculta*. México: Siglo Veintiuno Editores.

HALL, E.T. (1989 a). *El lenguaje silencioso*. Madrid: Alianza Editorial.

HALL, E.T. y REED HALL, M. (1989 b). *Understanding cultural differences*. Maine: Intercultural Press.

HALLIDAY, M. (1982). *Exploraciones sobre las funciones del lenguaje*. Barcelona: Ed. Médica y Técnica.

HARDER, P. (1980). "Discourse as selfexpression on the reduced personality of the Second Language learner", *Applied Linguistics*, 1

HEINEMAN, P. (1980). *Pedagogía de la comunicación no verbal*. Barcelona: Herder

HOFSTEDE, G. (1984). *Culture's Consequences*. London: Sage.

HORNBERGER, N.H. (1989). "Trámites y transportes: La adquisición de la competencia comunicativa en una segunda lengua para un aconteci-miento de habla en Puno, Perú". En M. Llobera y otros *Competencia Comunicativa*. Madrid: Edelsa.

HYMES, D.H. (1971). *On communicative Competence*. Philadelphia: University of Pennsylvania Press.

HYMES, D.H. (1972). "Models of the interaction of language and social life". En J.J. Gumperz y D.H. Hymes (eds.) Directions in Sociolinguistics: *The Ethnography of Communication*. New York: Holt, Rinehart and Winston.

IBÁÑEZ, J., MURILLO, F.J. y SEGALERVA, A. (eds.) (1995). *Educación sin fronteras*. Madrid: Centro de Publicaciones del MEC.

INKELES, A. y LEVINSON, D.J. (1969). "National character: The study of modal personality and sociocultural systems". En G. Lindzey y E. Aronson (eds.) *The handbook of social psychology*, vol. 4. Reading, MA: Addison-Wesley.

IT&C SUPPORT "Apoyo de su comunicación empresarial internacional". [Online]. Disponible en: www.itcsupport.nl, diciembre 1997.

JAEGER, K. (1995). "Teaching culture-State of the Art". En A. Aarup Jensen y otros (eds.) *Intercultural Competence* Vol. II: 19-28.

JAEGER, K. (1995). "Teaching "Landeskunde" in Higher Education". En A. Aarup Jensen y otros (eds.) *Intercultural Competence* Vol. II: 155-172.

JAEGER, K. (1997). "Educating intercultural actors". [Online]. Disponible en: www.auc.dk

JAKOBSON, R. (1960). "Closing statement: linguistics and poetics". En T.A. Sebeok (comp.) *Style in Language.* Cambridge: Mass. MIT Press.

JANER, G. (1993). "L'escola transmissora de cultura", *Ponències. Tema General 28a Escola d'Estiu de Rosa Sensat,* juliol 1993.

JULIANO. D. (1993). "Els valors de la diferència", *Ponències. Tema General 28a Escola d'Estiu de Rosa Sensat,* juliol 1993.

KANE, L. (1991). "The Acquisition of Cultural Competence: An Ethnographic Framework for Cultural Studies Curricula". En D.Buttjes y M. Byram (eds.) *Mediating Languages and Cultures.* Clevedom: Multilingual Matters.

KIRCH, K. (1995). "The Second Language Teacher as a Mediator of Culture. Limits to the Imagination". En A. Aarup Jensen y otros (eds.) *Intercultural Competence* Vol. II: 373-386.

KNAPP, M.L. (1982). *La comunicación no verbal.* Barcelona: Paidós.

KORBO. G. (1995). "Materials for Teaching Danish as a Second Language to Adults". En A. Aarup Jensen y otros (eds.) *Intercultural Competence* Vol. II: 173-182.

KORDES, H. (1990). "Intercultural Learning at School: Limits and Possibilities", En D.Buttjes y M. Byram (eds.) *Mediating Languages and Cultures:* 287-235.

KREMNITZ. G. (1993). *Multilinguisme social.* Barcelona: Ed. 62.

LABRIE, N. y CLÉMENT, R. (1986). "Ethnolinguistic vitality, self-confidence and second language proficiency: an investigation", *Journal of Multilingual and Multicultural Development,* Vol. 7, Nº 4: 269-282.

LEVINSON, S.C. (1989). *Pragmática.* Barcelona: Teide.

LITTLEWOOD, W. (1994). *La enseñanza de la comunicación oral.* Barcelona: Paidós.

LOMAS, C., OSORIO, A. y TUSÓN, A. (1993). *Ciencias del lenguaje, Competencia comunicativa y enseñanza de la lengua.* Barcelona: Paidós.

LORENTSEN, A. (1995). "Introducing New Approaches to Adults' Learning of Intercultural Competence". En A. Aarup Jensen y otros (eds.) *Intercultural Competence* Vol.II: 103-124.

LORENTSEN, A, (1995). "Self-directed Flexible Learning for Adults. A New Learning Environment for Acquiring Intercultural Competence". En A. Aarup Jensen y otros (eds.) *Intercultural Competence* Vol. II: 233-250.

LOZANO, J., PEÑA-MARÍN, C. y ABRIL, G. (1989). *Análisis del discurso.* Madrid: Cátedra.

LLOBERA, M., HYMES, D., HORNBERGER, N.H., CANALE, M., WIDDOW-SON, H.G., COTS, J.M., BACHMAN, L. y SPOLSKY, B. (1995). *Competencia comunicativa.* Madrid: Edelsa.

MALLART, LL. (1993). "El concepte de cultura a una societat canviant", *Ponències. Tema General 28a Escola d'Estiu de Rosa Sensat,* juliol 1993.

MARICOPA COMMUNITY COLLEGE. "Language meaning and context". [Online]. Disponible en: www.mc.maricopa.edu, diciembre 1997.

MARKEE, N. "Communicative Competence". [Online]. Disponible en: www.leil.lang.uivc.edu, diciembre 1997.

MARTINET, J. (1975). *De la teoría lingüística a la enseñanza de la lengua.* Madrid: Gredos.

MEYER, M. (1991). "Developing Transcultural Competence: Casa Studies of Advanced Foreign Language Learners". En D. Butjes y M. Byram (eds.) *Developing Languages and Cultures.*

MOLLÀ, T. y PALALUCA, T. (1987). *Curs de sociolingüística.* Alzira: Ed. Bromera.

MOOSMÜLLER, A. (1995). "Learning Objective Intercultural Competence. Decoding German Everyday Knowledge from Japanese Perspective". En A. Aarup Jensen y otros (eds.) *Intercultural Competence* Vol. II: 191-208.

MULDER, M. (1976). "Reduction of power differences in practice: The power distance reduction theory and its applications". En G. Hofstede y M.S. Kassem (eds.) *European contributions to organisation theory.* Assen, Neth.: Van Gorcum.

MULDER, M. (1977). *The daily power game.* Leyden: Martinus Nijhoff.

MÜLLER, B.D. (1995). "An Intercultural Theory of Teaching German as a Foreign Language". En A. Aarup Jensen y otros (eds.) *Intercultural Competence* Vol. II: 59-76.

MÜLLER, B.D. (1995). "Steps towards an Intercultural Methodology for Teaching Foreign Languages". En L. Sercu (ed.) *Intercultural Competence* Vol. I: 71-116.

MURPHY, E. (1988). "The Cultural Dimension in Foreign Language Teaching: Four models", *Language, Culture and Curriculum* Vol. 1, nº2

NAUTA, J.P. (1988). "¿Te gusta? Hacia la ejercitación pragmática", *Cable,* 1: 24-26.

NELDE, P.H. (1987). "Language contact means language conflict", *Journal of Multilingual and Multicultural Development* Vol. 8, N.º 1&2: 33-42.

OUELLET, F. (1984). "Éducation, Compréhension et Communication interculturelles: essai de clarification des concepts", *Éducation permanente*, 75.

PÉREZ, G. (1998). "Negro español", *El País Semanal*. Nº 1.120, 15 de marzo de 1998: pág. 66.

PINKERT, E.U. y THERKELSEN (eds.). "Intercultural encounters in tourism". [Online]. Disponible en: www.auc.dk, diciembre 1997

PULIDO, R. (1992). "Etnografia i investigació educativa: concepcions esbiaixades, relacions malesteses", *Temps d'Educació*, 14: 11-32.

RICHARDS, J. C. y SCHMIDT, R. W. (comps.) (1983). *Language and Communication*. Londres: Longman.

RISAGER, K. (1995). "Teachers' Identity and the Process of European Integration". En A. Aarup Jensen y otros (eds.) *Intercultural Competence* Vol. II: 251-264.

ROBERTS, C. (1995). "Language and Cultural Learning. An Ethnographic Approach". En A. Aarup Jensen y otros (eds.) *Intercultural Competence* Vol. II: 89-102.

RYLE, G. (1984). *The concept of mind*. Chicago: University of Chicago Press.

SCHEGLOFF, E.A. (1987). "Some sources of misunderstanding in talk-in-interaction", *Linguistics*, 25: 201-218.

SEARLE, J. (1969). *Speech Acts: An Essay in the Philosophy of Language*. Cambridge: Cambridge University Press.

SERCU, L. (ed) (1995). *Intercultural Competence*. Vol. I: *The Secondary School*. Aalborg: Centre for Languages and Intercultural Studies, Aalborg University.

SERCU, L. (1995). "The acquisition of Intercultural Competence. A Teacher Training Seminar". En L. Sercu (ed.) *Intercultural Competence* Vol. I: 117-146.

SERRANO, S. (1980). *Signes, llengua i cultura*. Barcelona: Ed. 62

SERRANO, S. (1993). *Comunicació, societat i llenguatge. El desenvolupament de la lingüística*. Barcelona: Empúries.

SCHUMANN, J.H. (1975). "Affective factors and the problem of age in Second Language Acquisition", *Language Learning* Vol. 25 n.º 1.

SIGUAN, M. (coord.) (1990). *Las lenguas y la educación para la paz*. Barcelona: ICE/Horsori.

SIGUAN, M. (1991). "Aprendizaje de lenguas extranjeras". En M. Siguan (coord.) *La enseñanza de la lengua* (1991). Barcelona: ICE/Horsori.

SIGUAN, M. (coord.) (1992). *La escuela y la migración en la Europa de los 90*. Barcelona: ICE/Horsori.

SODERBERG, A.M. (1995). "Teaching (Inter)Cultural Awareness". En A. Aarup Jensen y otros (eds.) *Intercultural Competence* Vol. II: 285-304.

SPERBER, D. y WILSON, D. (1986). *Relevance. Communication and Cognition*. Oxford: Basil Blackwell.

TAFT, R. (1981). "The Role and Personality of the Mediator". En S. Bochener (ed.) *The Mediating Person: Bridges between Cultures*. Boston: G.K. Hall and Co.

TARP, G. (1995). "Reflections on Culture in Foreign Language Teaching and exchange". En L. Sercu (ed.) *Intercultural Competence* Vol. I: 165-174.

TUSÓN, A. (1992). "L'etnografia de la comunicació i la investigació educativa: l'aula com a microcosmos", *Temps d'Educació*, 14: 149-161.

TUSÓN, A. (1994). "Iguales ante la lengua, desiguales en el uso", *Signos*, 12: 30-39.

TUSÓN, A. (1995). *Anàlisi de la conversa*. Barcelona: Empúries.

TUSÓN, J. (1986). *El luxe del llenguatge*. Barcelona: Empúries.

TUSÓN, J. (1994). "Prejuicios lingüísticos y enseñanza", *Signos*, 11: 22-27.

TUSÓN, J. (1997). *Los prejuicios lingüísticos*. Barcelona: Ediciones Octaedro, S.L.

UNIVERSITY OF CALIFORNIA, SAN DIEGO CAMPUS. "The Cultural Competence Model". [Online]. Disponible en: www.hr.ucsd.edu/docs/etc/diversity, diciembre 1997.

UNIVERSITY OF MISSOURI-ROLLA. "AATF National Commission on Cultural Competence. Understanding culture". [Online]. Disponible en: www.umr.eduundercul.html, diciembre, 1997.

V. DIJK, T. (1980). *Texto y contexto*. Madrid: Cátedra.

VAN. EK, J. (1984). *Across the threshold readings from the modern languages projects of the Council of Europe*. Oxford: Pergamon Press.

VONSILD, S. (1995). "Intercultural Competence in a Vocational Context". En A. Aarup Jensen y otros (eds.) *Intercultural Competence* Vol. II: 125-140.

WIERZBICKA, A. (1985). "A semantic metalanguage for a crosscultural comparison of speech acts and speech events", *Language in Society*, 14: 491-514.

WILKEN, L. (1995). "What is Ethnography and How can it be used to Raise Cultural Awareness?", en *Intercultural Competence* Vol. II: 77-88.

WITTGENSTEIN, L. (1921). *Tractatus Logico-Philosophicus*. Traducción castellana (1973). Madrid: Alianza.

9. ANEXO 1:

CUESTIONARIO

CUESTIONARIO

(Puedes contestarlo en español, francés, neerlandés o inglés, pero, por favor, <u>con letra clara</u>)

A.- DATOS PERSONALES

1. Nombre ....
2. Edad ....
3. Nacionalidad ....
4. Lengua materna ....
5. Dirección y teléfono ....

B.- CONOCIMIENTO DE LENGUAS/CULTURAS (excepto el español y España)

1. ¿Conoces otras lenguas además de tu lengua materna y del español?[1]

   ❏ SÍ   ❏ NO (pasa a la pregunta 3)

   ¿Cuáles? ....

   ....

2. En relación a la(s) lengua(s) que conoces (**excepto tu lengua materna y el español**):

   a. ¿has hecho algún curso para aprenderla(s)?

   ❏ SÍ   ❏ NO (pasa a la pregunta 2b)

<u>Lengua</u>	<u>Lugar donde hiciste el curso</u> (ciudad/país)	<u>Duración</u>	<u>Tipo de curso</u> (en grupo, clases particulares)
....	....	....	....
....	....	....	....
....	....	....	....
....	....	....	....

---

[1] Aquí conocer lenguas se refiere a poder más o menos hablar y hacerse entender en una lengua, no necesariamente significa tener un nivel alto, sino suficiente.

b. No has hecho ningún curso pero, ¿has vivido en otros países y así has aprendido alguna(s) lengua(s)?

❏ SÍ   ❏ NO (pasa a la pregunta 2c)

Lengua   País

....

....

....

c. ¿Has aprendido alguna (s) lengua(s) tú solo (autoaprendizaje), pero no en el país donde se habla esta lengua?

❏ SÍ   ❏ NO (pasa a la pregunta 2d)

Lengua   País donde estabas cuando aprendiste esta lengua

....

....

....

d. ¿Has aprendido de otra forma alguna(s) lengua(s)?

❏ SÍ   ❏ NO (pasa a la pregunta 3)

Lengua   Forma de aprendizaje

....

....

....

3. ¿Has vivido en otros países, **excepto tu propio país y España**?

❏ SÍ   ❏ NO (pasa a la pregunta 5)

País   Duración estancia   Actividad   Tipo de residencia[2]
                             (trabajo, estudios...)

....

....

....

....

[2] **Tipo residencia**: con familia del país, solo(a), con alguna(s) persona(s) del país, con alguna(s) persona(s) extranjera(s), residencia de estudiantes, otros (especifica tipo).

4. De los diferentes países y culturas que has conocido (**excepto España**) ¿qué aspectos destacarías (de forma **resumida**) como positivos y cuáles como negativos?

<u>País</u>   <u>Aspectos positivos</u>   <u>Aspectos negativos</u>

....

....

....

....

¿Tienes algún comentario? ....

....

C.- LA LENGUA Y LA CULTURA ESPAÑOLAS[3]

5. ¿Cuánto tiempo hace que vives en España?: ....

....

6. ¿Habías vivido anteriormente en España?

❏ SÍ   ❏ NO (pasa a la pregunta 7)

<u>Lugar</u>   <u>Fecha llegada</u>   <u>Duración estancia</u>   <u>Actividad</u>   <u>Tipo de residencia</u>
(trabajo, estudios...)

....

....

....

7. En relación al aprendizaje del español, ¿has hecho algún curso?

❏ SÍ   ❏ NO (pasa a la pregunta 8)

<u>Lugar curso</u>   <u>Duración curso</u>   <u>Tipo de curso</u>
(ciudad/país)   (en grupo, clases particulares)

....

....

....

---

[3] Cuando hablamos de cultura española, lógicamente tenemos en cuenta la variedad cultural del país y la propia experiencia en el contacto cultural de cada persona.

8. ¿Has aprendido de alguna otra forma el español?[4]

         ❏ SÍ   ❏ NO (pasa a la pregunta 9)

¿ Cómo? ....

....

9. La primera vez que entraste en contacto con la cultura española, ¿cómo fue?

Fecha aproximada	Ciudad/País	Forma[5]
....	....	....
....	....	....
....	....	....

10. Ahora vamos a retroceder en el tiempo, es decir, la primera vez que entraste en contacto con la cultura española (fuera o dentro de España).

    ¿Cuáles fueron tus primeras impresiones? Se trata de explicar **no lo que piensas ahora, sino lo que pensabas entonces**. ¿Qué te sorprendió positiva o negativamente?[6]

En relación con:
    a. el aspecto exterior de la gente
    b. el carácter de la gente
    c. el mundo laboral
    d. las relaciones sociales (amigos, colegas, conocidos, etc.)
    e. las personas del otro sexo
    f. el horario

---

[4] Tanto si has hecho un curso como si no lo has hecho señala las otras posibles formas de aprendizaje: autoaprendizaje, intercambios, contactos con personas hispanohablantes fuera de España, convivencia con personas hispanohablantes fuera de España, etc.

[5] **Forma** se refiere (en España o en otro país) tanto al **medio material** (lectura de periódicos, revistas, libros en español de forma constante; escuchar la radio o ver cine, televisión en español de forma constante, asistir a centros culturales españoles en el extranjero, el mundo laboral en España, centro de estudios en España o en el extranjero, etc.) como al **medio humano** (amigos, relaciones laborales o conocidos españoles, familiares o pareja españoles, etc.)

[6] Utiliza una **hoja aparte** para responder a esta pregunta y pon el número de pregunta y la **letra** correspondiente a cada aspecto que expliques (a....b....c...d...etc.)

g. la comida

h. la bebida

i. quedar con alguien (citarse con alguien)

j. el dinero (invitar, pagar, prestar, etc.)

k. oferta cultural (cine, música, teatro, etc.)

l. la ciudad en general

ll. lugares para salir (bares, restaurantes, terrazas, discotecas, etc.)

m. las instituciones/burocracia

n. los gestos

ñ. los sentidos (tacto, vista, gusto, olfato y oído)

o. otros aspectos[7]

11. Ahora que ya llevas un tiempo en contacto con la cultura española, ¿crees que ha cambiado tu punto de vista en relación a algún aspecto mencionado en la pregunta anterior?[8]

❏ SÍ   ❏ NO (pasa a la pregunta 12)

¿Cuál(es)? ....

a. ....

b. ....

c. ....

d. ....

12. ¿Qué aspectos de la cultura española (que tú has conocido hasta ahora) crees que son **más diferentes** de tu propia cultura? Especifica cuáles son las diferencias.[9] Puedes seguir los aspectos (a,b,c,d...) de la pregunta 10.

Por ejemplo: f. El horario: En España la gente cena entre las 9 y las 10, en cambio en mi país la gente suele cenar entre las 5 y las 7.

---

[7] Aquí puedes comentar otros aspectos que te sorprendieron positiva o negativamente y que no están incluidos en los apartados anteriores.

[8] Si no tienes suficiente espacio, utiliza una hoja aparte señalando el número de pregunta y la letra del aspecto correspondiente (a, b, c, etc.) como figura en la pregunta 10.

[9] Si no tienes suficiente espacio utiliza una hoja aparte señalando el número de pregunta y la letra del aspecto correspondiente (a, b, c, etc.) como figura en la pregunta 10.

a. ....

b. ....

c. ....

d. ....

e. ....

f. ....

13. Seguro que alguna vez te has encontrado en alguna situación diverti-da o incómoda, en la que tú querías decir o hacer algo, pero esto no se ha interpretado como tú querías y la(s) persona(s) no ha(n) reac-cionado o actuado como esperabas. ¿Podrías explicar las situaciones que recuerdes donde se ha producido un malentendido? Puedes seguir si quieres los aspectos de la pregunta 10 (a....b....c..., etc.)[10]

Por ejemplo:

a. El aspecto exterior de la gente: Un sábado tenía una reunión en la empresa donde trabajo. Como era un sábado, pensé que era más lógico ir un poco informal a la reunión, además la mayoría de mis colegas son jóvenes (entre 25 y 30 años). Fui a la reunión sin traje ni corbata, mi intención era no hacer el ridículo yendo demasiado for-mal a una reunión que se celebraba un día no laborable. Fue gran-de mi sorpresa cuando vi que todos, absolutamente todos (excepto yo) iban con traje y corbata. No quería hacer el ridículo y lo hice.[11]

14. ¿Estarías dispuesto a que pudiera entrevistarte para aclarar, ampliar o profundizar en algún aspecto de este cuestionario?

❏ SÍ   ❏ NO (pasa a la pregunta 15)

¿Cuál es tu disponibilidad de horario? ....

....

....

[10] Utiliza una hoja aparte para contestar a esta pregunta, señalando el número de pregunta y si es posible la letra del aspecto al que se refiere cada experiencia. Te ruego que aquí seas lo más **amplio** que puedas al explicar las situaciones.

[11] Ejemplo sacado de la experiencia de un ex-alumno.

15. ¿Estarías interesado en conocer los resultados de la investigación que estoy realizando?

❏ SÍ   ❏ NO

¡¡MUCHÍSIMAS GRACIAS POR TU COLABORACIÓN!!
Si tienes cualquier duda, ponte en contacto conmigo

10. ANEXO 2:

MUESTRAS DE LA RECOGIDA DE DATOS

Asunto: [Re] Necesito vuestra ayuda
Fecha: miércoles 24 de septiembre de 1997 13:05:26 +0100
A: Angels <angelsol@abaforum.es>

Hola.

En Alemania es de muy mala educación dejarse algo en el plato cuando te invitan an cenar a una casa, en tanto que en España a nadie se le ocurriría rebañar el plato en el mismo caso. Yo lo aprendí así (a través de un par de experiencias propias, donde quedé como maleducada, sin saberlo), y así lo practiqué durante mis primeros años de estancia en aquel país.

Mi novio alemán no lo sabía. La primera vez que vino de visita a casa de mis padres, se tuvo que enfrentar a un inmenso plato de cocido que mi madre le sirvió. Él se lo comió todo, hasta el último garbanzo. Mi madre, sorprendida, y encantada de tener a la mesa un invitado con tan buen "saque", se apresuró a llenarle de nuevo el plato. Yo estaba conversando con mi cuñada, pero me percaté de los agobios de mi novio por terminarse "convenientemente" aquel segundo plato de cocido. Lo terminó, haciendo gala de la mejor educación alemana... y mi madre se apresuró a servirle un tercero, temiendo que su futuro yerno se quedase con hambre. Él me miró con absoluta desesperación, pensando que querían poner a su prueba su buena educación. Cuando le dije que podía, e incluso debía, dejar un resto en el plato, se sorprendió ante tan derrochadora costumbre española.

Saludos

Asunto: [Re] Necesito vuestra ayuda
Fecha: martes 30 de septiembre de 1997 09:24:12 +0100
A: Angels <angelsol@abaforum.es>

Hola Angels.

Una experiencia personal.

Soy escocés y la primera vez que visité España, en el año 1967, llegué a Irún después de 12 horas en un tren procedente de París. Cuando subí al tren Español una señorita me ofreció un sandwich. No entendía español y tenía hambre así que lo acepté gustosamente.

10 años más tarde había aprendido a hablar español y estaba sentado en la sala de espera de una consultorio médico cuando de repente una mujer entró con un bocadillo en la mano y dijo "¿Gusta?" Evidentemente nadie aceptó la oferta. En aquel momento entendí que aquella señorita del tren 10 años atrás me había dicho por pura cortesía "¿Gusta?"

Otra anécdota: en Francia estoy siempre sorprendido que los franceses se dan la mano cada mañana al desayuno. He visto dar la mano a 8 personas cada mañana durante todo el año escolar, me pareció una gimnasia increíble.

Un saludo.

13.

a. Llegué en Barcelona sin conocer a alguien.
Durante mi estancia frecuentaba bares, discotecas para gays casi todas las tardes.
El ambiente gay ha sido siempre especial para lo que se refiere a las relaciones personales, es decir lo que importa cuando dos se encuentran es siempre el aspecto exterior. En Italia en este ambiente es demasiado importante sorprender a los demás con las prendas.
Mi manera de vestir es maja (así decían en España) y esto fue para mi un problema porque cada vez que iba en estos bares, sólo sin conocer a nadie, era siempre bastante difícil hablar o conocer a alguien porque pensaban fuera un pijo. Pensé entonces que sólo cambiando mi manera de vestir pudiera conocer y frecuentar el ambiente. Y así fue porque el día que cambié mis prendas conocí a un chico que antes sólo me miraba y no se acercaba a mi porque pensaba que yo fuera esnob (esto no es lo yo pienso, sino lo que me dijo). Seguro que esta actitud fue bastante incomoda.

j. En Barcelona compartía un piso con una chica que era también la dueña. Yo tenía que pagar sólo la habitación mientras los gastos estaban incluidos.
A finales de julio pensé quedarme un mes más y además del gasto de por la habitación añadí a la cuenta la parte del gasto por el uso uso del teléfono y ella reaccionó diciendo que no era una desamparada.
Yo sólo quería ser preciso para no crear problemas y porque en Italia los gastos del teléfono no estan incluidos/inclusos en los de la habitación.

4. De los diferentes países y culturas que has conocido (**excepto España**) ¿qué aspectos destacarías (de forma **resumida**) como positivos y cuáles como negativos?

País/Cultura	Aspectos positivos	Aspectos negativos
INGLESES		• PRESUNCION • SUCIEDAD EN LA CASA Y EN LA PERSONA • NINGUNA COMIDA RICA • FORMALISMO SIN REAL GENTILEZA • IGNORANCIA ENTRE LA POBLACION • NO ATIENDEN A SUS HIJOS
IRLANDESES		• UN POCO DE FORMALISMO • POCO INTERES POR LAS OTRAS CULTURAS • POCO ARTE • COMO LOS INGLESES, TAMBIEN SOLO HABLAN INGLES.
ALEMANES	• CASAS LIMPIAS • ORDEN Y EFICIENCIA • MUCHA OFERTA CULTURAL • HABLAN OTRAS LENGUAS • SABEN COCINAR BIEN • SON BASTANTE GENTILES • LES GUSTAN LOS PAISES [EXTRANJEROS	• BEBEN DEMASIADO • UN POCO DE PRESUNCION

¿Tienes algún comentario?

....
....
....
....

4. De los diferentes países y culturas que has conocido (**excepto España**) ¿qué aspectos destacarías (de forma **resumida**) como positivos y cuáles como negativos?

País/Cultura	Aspectos positivos	Aspectos negativos
- GRECIA	RESPETO PARA LAS TRADICIONES, LOS COSTUMBRES	MENTALIDAD ATRASADA, A LA ANTIGUA
- INGLATERRA/ ESCOCIA	EFICIENCIA DE LOS SERVICIOS PUBLICOS MOVILIDAD DE LABOR	CASTICISMO RACIAL CONTRA LOS EXTRANJEROS / LOS ITALIANOS
- PORTUGAL	HUMANIDAD - MODESTIA DISPONIBILIDAD	CASTICISMO RACIAL CONTRA LOS ESPAÑOLES
- AUSTRIA / ALEMANIA	EFICENCIA DE LOS SERVICIOS PUBLICOS - LIMPIEZA - ORGANIZACIÓN CONCIENCIA ECOLOGICA	FALTA DE CORDIALIDAD, INDIFERENCIA -
- PAISES BAJOS	APERTURA MENTAL, CULTURAL - CONCIENCIA ECOLOGICA	DEMASIADA VIOLENCIA - POCA CONSIDERACION POR "EL OTRO" -
- TUNISIA	ATENCION, RESPETO PARA LA NATURALEZA -	TENDENCIA A ESTAFAR LOS OTROS, LOS EXTRANJEROS
- MALTA	RESPETO PARA LA NATURALEZA, EL PAISAJE -	INTENCION MALICIOSA CONTRA LAS MUJERES, LOS EXTRANJEROS

¿Tienes algún comentario?

....
....
....

11. Ahora que ya llevas un tiempo en contacto con la cultura española, ¿crees que ha cambiado tu punto de vista en relación a algún aspecto mencionado en la pregunta anterior?[8]

—✓SI   ----NO (pasa a la pregunta 12)

¿Cuál(es)?

a......

b......

c......

d.......

12. ¿Qué aspectos de la cultura española (que tú·has conocido hasta ahora) crees que son **más diferentes** de tu propia cultura?. Específica cuáles son·las diferencias.[9] Puedes seguir los aspectos (a,b,c,d...) de la pregunta 10.
Por ejemplo: f. El Horario: En España la gente cena entre las 9 y las 10, en cambio en mi país la gente suele cenar entre las 5 y las 7.

a...En España la gente no es muy de moda, ni casual en cambio en mi país los jovenes se vesten como los "pop stars" los mas popular del momento.

b...En España la gente es muy abierta y animada, en cambio en mi país la gente es más cerrada y reservada.

c.....En España hay mucho enchufe en cambio en mi país se existe solo en clases altas.

d...En España las familias son muy intimas, en cambio en mi país. la gente muda mucho y las familias no son tan importantes

e...España es un país de machistas. No creo que los hombres y las mujeres sean iguales en cambio las mujeres en Escocia son más libre y más dominante

f.......Según el ejemplo, en mi país la gente suele cenar entre las 5 y las 7 y desayuna antes de ir a trabajar en cambio la gente aqui suele ir a desayunar a las 10 o 10:30 en un descanso por la mañana.

[8] Si no tienes suficiente espacio utiliza una hoja aparte señalando el número de pregunta y la letra del aspecto correspondiente (a, b, c, etc..) como figura en la pregunta 10.
[9] Si no tienes suficiente espacio utiliza una hoja aparte señalando el número de pregunta y la letra del aspecto correspondiente (a, b, c, etc..) como figura en la pregunta 10

(h) En Escocia la gente solo beber para emborocharse en cambio en España la gente suele beber alcohol cuando quera y no suele beber mucho.

(12) (i)
(j) $\Big\rangle$ más o menos lo mismo
(k)

(l) En Barcelona la gente es muy orgullosa de la ciudad y
     las calles son limpias mientras que en mi país las calles no
     son tan limpias.

(ll) similar

(m) En España hay mucha burocracia mientras que en Escocia hay
     mucha más libertad.

(n) En España la gente usa gestos para hablar, en cambio en mi
     país la gente casi nunca usa gestos.

(o) En España la gente mira y toca mucho, en cambio es mal
     educado tocar y mirar demasiado.

(p) En Escocia las mujeres y los hombres son más o menos iguales
     en cambio en España ~~hay~~ todavía hay una sociedad
     de machistas.

(q) En Escocia, la comida es mas variada, mas picante, y ~~mas~~
     con más grasa (en general), en cambio la comida en Barcelona
     es muy fresca, bien por la salud, hay mucho pescado y
     la manera de cocinar siempre es con aceite de oliva.